S'épanouir avec le TDAH dans le mariage

Guide du couple sur les stratégies éprouvées pour bâtir une relation plus forte et plus heureuse

Monica Stokes

Table des matières

Introduction

Le mariage est un voyage beau mais complexe, qui nécessite des efforts continus, de l'empathie et de la compréhension de la part des deux partenaires. Cependant, lorsque l'un ou les deux partenaires souffrent de TDAH (trouble déficit de l'attention/hyperactivité), le chemin peut sembler encore plus difficile, semé d'obstacles uniques qui peuvent mettre à l'épreuve la force de toute relation. Dans de nombreux cas, ce qui peut commencer comme des frustrations mineures, comme l'oubli, les comportements impulsifs ou la difficulté à rester organisé, peut évoluer vers des difficultés conjugales plus graves, notamment des ruptures de communication, des problèmes de confiance et une déconnexion émotionnelle. Pourtant, malgré ces défis, les couples peuvent toujours bâtir des mariages solides et prospères dans lesquels les deux partenaires se sentent aimés, compris et soutenus.

Ce livre, *S'épanouir avec le TDAH dans le mariage : un guide du couple sur des stratégies éprouvées pour bâtir une relation plus forte et plus heureuse*, est conçu pour vous aider à naviguer dans ces complexités avec compassion et confiance. En m'appuyant sur mes années d'expérience en tant que consultante matrimoniale et experte en TDAH, j'ai pu constater par moi-même comment le TDAH peut avoir un impact profond sur les relations. Mais j'ai également vu comment, avec les bonnes stratégies et le bon état d'esprit, les couples peuvent surmonter ces difficultés et trouver plus de joie et d'épanouissement ensemble.

Le TDAH touche des millions d'adultes dans le monde, et nombre d'entre eux sont aux prises avec un mariage ou un partenariat à long terme. Malgré sa prévalence, le TDAH est souvent mal compris, laissant les couples frustrés, confus et seuls dans leurs luttes. Ce livre est là pour changer ce récit. Il s'agit d'un guide destiné aux couples prêts à relever les défis que présente le TDAH et à évoluer vers une relation plus saine et plus heureuse fondée sur le respect mutuel, la patience et l'amour.

Dans les prochains chapitres, nous explorerons les nombreuses façons dont le TDAH peut influencer le mariage : des modèles de communication à la régulation émotionnelle, de la gestion du temps à l'intimité. Nous approfondirons la science derrière le TDAH, vous aidant à comprendre comment il façonne le comportement, et nous proposerons des stratégies concrètes adaptées aux besoins uniques de votre relation.

Ce livre ne vise pas seulement à apprendre à faire face au TDAH ; il s'agit d'apprendre à s'épanouir dans votre mariage grâce aux forces et à la créativité que le TDAH peut apporter. Avec de la patience, de l'intentionnalité et les bons outils, vous pouvez transformer ce qui peut sembler des obstacles insurmontables en opportunités de croissance et de connexion.

Vous découvrirez des techniques pratiques pour améliorer la communication, favoriser l'intimité émotionnelle et gérer les aspects quotidiens de la vie ensemble. Vous apprendrez à équilibrer les besoins de chacun, à soutenir votre partenaire sans vous sacrifier et à créer des systèmes qui vous aideront à rester organisés et sur la bonne voie. Plus important encore, vous développerez une compréhension plus profonde de l'impact du TDAH sur vous et votre partenaire, vous permettant ainsi d'aborder votre relation avec compassion, résilience et cœur ouvert.

Que vous ou votre partenaire ayez récemment reçu un diagnostic de TDAH ou que vous en subissez les effets depuis des années, ce livre est fait pour vous. Il propose un guide complet pour construire un mariage qui ne se contente pas de survivre mais qui prospère. L'objectif n'est pas la perfection mais le progrès : créer une relation dans laquelle les deux partenaires se sentent valorisés, soutenus et chéris pour ce qu'ils sont vraiment.

Chapitre 1 : Comprendre le TDAH dans le mariage

Le mariage est souvent décrit comme un partenariat fondé sur l'amour, le respect mutuel et le partage d'expériences. Cependant, lorsque l'un ou les deux partenaires souffrent de TDAH, ce partenariat peut être confronté à des défis uniques qui peuvent ne pas être immédiatement compris par l'une ou l'autre des parties. Avant de plonger dans les stratégies qui peuvent vous aider, vous et votre conjoint, à vous épanouir, il est essentiel d'acquérir une compréhension fondamentale du TDAH et de la façon dont il influence les relations.

Aperçu du TDAH et de son impact sur les relations

Le TDAH, ou trouble déficitaire de l'attention/hyperactivité, est une maladie neurodéveloppementale caractérisée par des schémas d'inattention, d'impulsivité et d'hyperactivité. Bien que ces traits soient souvent associés à l'enfance, le TDAH continue d'affecter de nombreux adultes, influençant leur travail, leur vie personnelle et, surtout, leurs relations. Dans le contexte du mariage, les symptômes du TDAH peuvent souvent se présenter d'une manière qui remet en question la dynamique relationnelle traditionnelle, entraînant des malentendus, de la frustration et une distance émotionnelle s'ils ne sont pas traités.

Par exemple, un partenaire atteint de TDAH peut avoir du mal à tenir ses promesses, oublier des dates ou des tâches importantes ou se comporter de manière impulsive lors de disputes. Ces comportements, qui découlent de différences neurologiques, peuvent facilement être interprétés à tort comme un manque d'attention, de responsabilité ou d'attention à l'égard de la relation. Le partenaire non atteint de TDAH peut se sentir négligé ou sous-estimé, tandis que le partenaire atteint de TDAH peut se sentir constamment critiqué ou incompris.

La réalité est que le TDAH n'affecte pas seulement la concentration et l'attention ; cela peut façonner la façon dont une personne éprouve ses émotions, traite les informations et interagit avec son partenaire. Pour de nombreux couples, comprendre cela est la première étape vers la guérison et la croissance.

Dissiper les mythes et les idées fausses

Malheureusement, les idées fausses sur le TDAH abondent et ces malentendus peuvent perpétuer les difficultés relationnelles. Un mythe courant veut que le TDAH soit simplement un manque de discipline ou que les personnes atteintes de TDAH « doivent simplement faire plus d'efforts ». Cette croyance peut être préjudiciable dans un mariage, car elle minimise les véritables défis neurologiques en jeu et peut provoquer du ressentiment chez le partenaire non atteint de TDAH, pensant que son conjoint ne fait tout simplement pas assez d'efforts.

Une autre idée fausse est que le TDAH ne touche que les enfants. De nombreux adultes atteints de TDAH n'ont jamais reçu de diagnostic dans l'enfance, ce qui les a amenés à entrer dans l'âge adulte sans les connaissances ni les outils nécessaires pour gérer efficacement leurs symptômes. Lorsque le TDAH n'est pas reconnu dans un mariage, il peut exacerber des problèmes tels qu'une mauvaise communication, des responsabilités manquées et une dérégulation émotionnelle, rendant plus difficile la résolution des conflits ou l'établissement de la confiance.

Il est également important de démystifier l'idée selon laquelle le TDAH serait une « excuse » pour un comportement problématique. Bien que le TDAH puisse contribuer à certains défis, il ne dispense pas les individus de la responsabilité de travailler à leur amélioration et à celle de leurs relations. Comprendre le TDAH permet aux deux partenaires de s'attaquer aux causes profondes de leurs problèmes, plutôt que de se blâmer ou de se sentir désespérés.

Comment le TDAH se manifeste dans les partenariats romantiques

Le TDAH se manifeste différemment chez chaque personne, et cette variabilité s'étend aux relations amoureuses. Dans certains mariages, le TDAH peut être associé à une hyperconcentration – une concentration intense sur une tâche ou un intérêt à l'exclusion de tout le reste. Bien que l'hyper concentration puisse être un outil puissant de productivité, elle peut également entraîner des tensions relationnelles si le partenaire non atteint de TDAH se sent négligé ou ignoré pendant ces périodes.

À l'opposé, l'inattention peut créer des problèmes. Un partenaire atteint de TDAH peut oublier d'accomplir les tâches ménagères, manquer des événements importants ou avoir du mal à maintenir des routines organisées. Ces comportements peuvent créer un déséquilibre dans la relation, le partenaire non atteint de TDAH se sentant accablé par une responsabilité accrue.

L'impulsivité est une autre caractéristique du TDAH qui peut affecter les relations. Cette impulsivité peut se manifester par le fait de parler à contretemps, de prendre des décisions sans consulter le partenaire ou de devenir facilement frustré en cas de désaccord. Dans un mariage, l'impulsivité peut conduire à des disputes ou blesser les sentiments si elle n'est pas correctement gérée.

Enfin, une dérégulation émotionnelle – une difficulté à gérer des émotions intenses – est souvent observée dans le TDAH et peut exacerber les problèmes relationnels. Cela peut se manifester par des colères rapides, des sautes d'humeur ou des réponses émotionnelles disproportionnées aux situations quotidiennes.

Explorer les modèles cérébraux et comportementaux du TDAH

Pour vraiment comprendre le TDAH, il est essentiel d'explorer les fondements neurologiques de la maladie. Le cerveau TDAH est caractérisé par des différences dans la régulation de la dopamine, qui peuvent affecter la motivation, la concentration et la capacité à retarder la gratification. Ces différences neurochimiques ne sont pas une question de volonté ou de choix personnel, mais font plutôt partie de la structure cérébrale de l'individu.

Dans le mariage, comprendre ces schémas neurologiques est essentiel pour développer l'empathie et la patience. Lorsqu'un partenaire atteint de TDAH a du mal à accomplir des tâches ou à rester organisé, ce n'est souvent pas dû à un manque de désir de contribuer, mais plutôt à un défi enraciné dans la façon dont son cerveau traite les informations et les tâches.

Cette compréhension peut également aider à réduire le fardeau émotionnel que les défis liés au TDAH peuvent avoir sur la relation, favorisant ainsi un environnement de coopération et de croissance.

Chapitre 2 : Le diagnostic : ce qu'il signifie pour les deux partenaires

Recevoir un diagnostic de TDAH à l'âge adulte peut être un événement profond qui change la vie, tant pour la personne diagnostiquée que pour son conjoint. Cela apporte souvent un sentiment de soulagement, car des années de confusion et de frustration sont soudainement expliquées par une cause scientifique claire. Cependant, cela peut également susciter toute une gamme d'émotions, allant de la peur et de l'incertitude à l'espoir et à l'optimisme. Pour les deux partenaires d'un mariage, comprendre ce que signifie le diagnostic et comment s'adapter au nouveau paysage est crucial pour aller de l'avant.

Le parcours émotionnel lié à la réception d'un diagnostic de TDAH

Pour le partenaire atteint de TDAH, recevoir un diagnostic peut apporter un mélange d'émotions.

D'un côté, il y a la validation – enfin, une raison pour les difficultés de concentration, d'organisation ou de régulation émotionnelle qui ont affecté non seulement la vie personnelle mais aussi le mariage. D'un autre côté, il peut y avoir des sentiments de culpabilité ou de honte de ne pas avoir reconnu la maladie plus tôt ou une crainte quant à la façon dont le diagnostic modifiera la relation.

Pour le partenaire non atteint de TDAH, le diagnostic peut également être chargé d'émotion. Cela peut apporter de la clarté, en les aidant à comprendre des comportements qu'ils trouvaient auparavant déroutants ou frustrants. Cependant, cela peut également déclencher une anxiété quant à ce que l'avenir leur réserve et à la manière dont ils peuvent au mieux aider leur partenaire à aller de l'avant.

Il est important de reconnaître ces émotions, car les deux partenaires ont besoin d'espace pour traiter le diagnostic individuellement et ensemble. Des conversations ouvertes et honnêtes sur ces sentiments peuvent aider à prévenir le ressentiment et à garantir que les deux partenaires se sentent soutenus dans leur adaptation à la nouvelle réalité.

Comment le diagnostic affecte la dynamique du mariage

Un diagnostic de TDAH peut modifier la dynamique d'un mariage de plusieurs manières. Au début, on peut avoir l'impression qu'un poids a été soulagé, car le couple dispose désormais d'un cadre pour comprendre certains des défis auxquels ils ont été confrontés. Cependant, ce soulagement peut être tempéré par la reconnaissance du fait que le TDAH ne peut pas être « résolu » du jour au lendemain. Au lieu de cela, cela nécessite une gestion et des efforts continus de la part des deux partenaires.

Le diagnostic peut également redéfinir les rôles au sein du mariage. Par exemple, le partenaire non atteint de TDAH peut avoir assumé davantage de responsabilités pour compenser ses difficultés d'organisation ou de suivi. Maintenant, une fois le diagnostic en main, des discussions pourraient avoir lieu sur la redistribution de ces rôles ou sur la recherche de nouveaux systèmes qui fonctionnent pour les deux partenaires.

De plus, le diagnostic peut avoir un impact sur la façon dont les couples abordent la résolution des conflits. Auparavant, les malentendus pouvaient être attribués à des différences de personnalité ou à un manque d'effort. Avec un diagnostic de TDAH, le couple peut changer de perspective, en se concentrant sur la manière de relever les défis spécifiques au TDAH plutôt que de les considérer comme des échecs personnels.

Développer l'empathie et la compréhension entre les partenaires

L'empathie est un élément clé pour réussir avec le TDAH dans le mariage. Les deux partenaires doivent développer une compréhension approfondie de la manière dont le TDAH affecte le comportement, les émotions et la prise de décision du partenaire diagnostiqué. Il est tout aussi important que le partenaire TDAH reconnaisse l'impact de son état sur son conjoint, en particulier dans les domaines où le conjoint peut se sentir dépassé ou sans soutien.

Développer l'empathie nécessite une éducation et une communication continues. Les couples devraient chercher à en apprendre le plus possible sur le TDAH : lire des livres, suivre une thérapie ou rejoindre des groupes de soutien peuvent tous aider à cet égard. En apprenant à considérer les comportements liés au TDAH sous l'angle de la compassion plutôt que du jugement, les couples peuvent créer un environnement dans lequel les deux partenaires se sentent compris et valorisés.

Stratégies de communication post-diagnostic

Une communication claire et cohérente est essentielle après un diagnostic de TDAH. Les deux partenaires doivent discuter de la manière dont le diagnostic affecte leur relation et des ajustements qu'ils devront apporter à l'avenir. Il est important de définir des attentes réalistes et de se rappeler que les progrès prendront du temps.

L'une des stratégies de communication les plus efficaces consiste à organiser des enregistrements réguliers, au cours desquels les deux partenaires peuvent discuter ouvertement de ce qu'ils ressentent, de ce qui fonctionne bien et des domaines dans lesquels ils pourraient avoir besoin de plus de soutien. Ces conversations doivent être structurées de manière à minimiser les reproches et à se concentrer sur des solutions qui profitent aux deux partenaires.

L'écoute active devient également cruciale. Le partenaire TDAH doit faire un effort pour rester engagé dans les conversations, tandis que le partenaire non TDAH doit faire preuve de patience et éviter d'interrompre ou de précipiter le dialogue. Les deux doivent travailler ensemble pour identifier les obstacles potentiels à la communication et trouver des méthodes pour rester en contact, comme utiliser des rappels,

rédiger des notes ou se mettre d'accord sur des
signaux de communication permettant d'éviter
les malentendus.

Chapitre 3 : Montagnes russes émotionnelles : naviguer dans des émotions intenses

Le mariage est un voyage profondément émotionnel, et lorsque l'un ou les deux partenaires souffrent de TDAH, ces émotions peuvent parfois ressembler à des montagnes russes imprévisibles. La dérégulation émotionnelle est un défi courant chez les personnes atteintes de TDAH, et elle peut créer une tension importante dans une relation si elle n'est pas maîtrisée. Comprendre comment les émotions sont vécues et exprimées dans les mariages atteints de TDAH est essentiel pour construire un partenariat plus sain et plus résilient.

Comprendre la dérégulation émotionnelle dans le TDAH

La dérégulation émotionnelle fait référence à la difficulté à gérer et à contrôler les émotions, en particulier les émotions intenses telles que la frustration, la colère, la tristesse ou même l'excitation. Pour de nombreuses personnes atteintes de TDAH, la capacité du cerveau à réguler les émotions est altérée en raison des différences dans l'activité des neurotransmetteurs, en particulier la dopamine et la noradrénaline. Cela peut entraîner des sautes d'humeur soudaines, une sensibilité accrue aux critiques ou des réactions émotionnelles prolongées face à des situations apparemment mineures.

Dans le mariage, la dérégulation émotionnelle peut créer un environnement instable dans lequel de petits désaccords se transforment rapidement en conflits plus importants. Le partenaire TDAH peut se sentir dépassé par ses propres émotions et avoir du mal à se calmer ou à voir la situation objectivement, tandis que le partenaire non TDAH peut se sentir confus, blessé ou incapable de communiquer efficacement ses propres émotions.

Bien que la dérégulation émotionnelle puisse être difficile, il est important de reconnaître qu'il s'agit d'un symptôme du TDAH et non du reflet du caractère ou des intentions d'une personne. En reconnaissant le rôle de la dérégulation émotionnelle dans votre relation, vous pouvez commencer à travailler ensemble pour développer des réponses émotionnelles plus saines et des stratégies visant à calmer les émotions intenses avant qu'elles ne perturbent votre connexion.

Comment les émotions impactent la résolution des conflits et la communication

Les émotions jouent un rôle important dans la façon dont les couples gèrent les conflits et communiquent entre eux. Dans un mariage atteint de TDAH, ces émotions peuvent parfois obscurcir le jugement, ce qui rend difficile la résolution des problèmes de manière calme et rationnelle. La dérégulation émotionnelle peut amplifier les sentiments de frustration lors d'un désaccord, provoquant une réaction excessive ou un retrait de l'un des partenaires, ce qui peut à son tour conduire à des malentendus et à une distance émotionnelle accrue.

Par exemple, un partenaire atteint de TDAH peut être rapidement dépassé lors d'une dispute et se déchaîner de manière impulsive, tandis que le partenaire non atteint de TDAH peut prendre cela personnellement, entraînant des sentiments blessés et du ressentiment. Alternativement, le partenaire TDAH peut se fermer complètement, incapable d'exprimer ses émotions, ce qui peut laisser son conjoint se sentir ignoré ou rejeté.

Lorsque les émotions sont fortes, il est crucial de reconnaître que ces réactions sont souvent le résultat de la difficulté du cerveau atteint de TDAH à traiter efficacement les émotions. La résolution des conflits dans un mariage TDAH doit donc inclure des stratégies pour gérer ces émotions intenses, créant un espace permettant aux deux partenaires de s'exprimer sans crainte d'escalade.

Stratégies pour gérer et réguler les émotions au sein de la relation

La gestion des émotions au sein d'un mariage atteint de TDAH nécessite que les deux partenaires travaillent activement sur des stratégies de régulation émotionnelle. Voici quelques approches pratiques :

- **Identifier les déclencheurs émotionnels**: Les deux partenaires doivent s'efforcer d'identifier des situations ou des comportements spécifiques qui ont tendance à déclencher des réactions émotionnelles intenses. Cela peut inclure le fait de se sentir pressé, de subir des critiques ou de faire face à des changements inattendus. Une fois ces déclencheurs reconnus, vous pouvez travailler ensemble pour les éviter ou les atténuer.

- **Faites une pause avant de réagir**: L'une des stratégies les plus efficaces pour gérer la dérégulation émotionnelle consiste à mettre en place une « pause » avant de réagir à une situation. Lorsque les émotions commencent à monter, prendre du recul pour respirer et se calmer peut éviter des crises ou des décisions impulsives. Encouragez-vous mutuellement à prendre un moment pour rassembler vos pensées avant de répondre pendant les moments chauds.

- **Utiliser des techniques de régulation émotionnelle**: La pratique de la pleine conscience, de la respiration profonde ou de la méditation peut aider le partenaire TDAH à reprendre le contrôle de ses émotions lorsqu'il se sent dépassé. De même, la pratique d'activités physiques comme le yoga ou l'exercice peut aider à libérer l'énergie refoulée et à réduire l'intensité émotionnelle.
- **Créer un environnement calme**: Lorsque les émotions s'intensifient, il peut être utile de s'éloigner de la situation immédiate pour s'installer dans un environnement plus calme.

Convenez d'un espace neutre où les deux partenaires peuvent se retirer pour désamorcer la situation et rassembler leurs pensées avant de poursuivre la conversation.

- **Validez les émotions de chacun**: La validation émotionnelle est un outil puissant dans toute relation. Reconnaissez les sentiments de chacun sans jugement. Dire : « Je comprends pourquoi vous ressentez cela » peut grandement contribuer à dissiper les tensions émotionnelles et à promouvoir un dialogue plus sain.

Construire ensemble la résilience émotionnelle

Construire une résilience émotionnelle en couple nécessite des efforts et un engagement continus. La résilience est la capacité de rebondir face aux défis et aux bouleversements émotionnels, et elle est particulièrement importante dans les mariages atteints de TDAH, où les émotions peuvent souvent être turbulentes.

Commencez par favoriser des conversations ouvertes sur la façon dont vous ressentez tous les deux vos émotions et sur ce dont vous avez besoin l'un de l'autre dans les moments difficiles. Cela peut contribuer à créer un environnement de confiance dans lequel les deux partenaires se sentent en sécurité pour exprimer leurs sentiments sans crainte de jugement ou de critique.

De plus, faites un effort conscient pour célébrer les petites victoires. Lorsque vous réussissez à traverser ensemble une situation émotionnelle difficile, prenez le temps de la reconnaître. Cela renforce le comportement positif et contribue à renforcer la confiance dans votre capacité à relever les défis futurs.

Au fil du temps, ces efforts aideront les deux partenaires à développer une plus grande résilience émotionnelle, permettant à votre

mariage de prospérer même face à des émotions
intenses.

Chapitre 4 : Panne de communication : Réparer la déconnexion

La communication est la base de tout mariage réussi. Cependant, le TDAH peut créer des obstacles importants à une communication efficace, entraînant des malentendus, de la frustration et une déconnexion entre les partenaires. Réparer ces pannes nécessite à la fois une conscience des défis uniques que présente le TDAH et un engagement à développer de nouveaux modèles de communication qui fonctionnent pour les deux partenaires.

Problèmes de communication courants dans les relations avec le TDAH

Dans les mariages atteints de TDAH, des ruptures de communication peuvent survenir pour diverses raisons. Les problèmes courants incluent :

- **Interruptions**: L'impulsivité est une caractéristique du TDAH, et cela peut se manifester par des interruptions fréquentes lors des conversations. Le partenaire TDAH peut avoir du mal à attendre son tour pour parler, ce qui entraîne de la frustration pour le partenaire non TDAH qui peut se sentir ignoré ou rejeté.

- **Oubli**: Le TDAH peut altérer la mémoire et le suivi, ce qui peut entraîner des tâches oubliées, des rendez-vous manqués ou des promesses non tenues. Cela peut entraîner des sentiments de déception ou de ressentiment chez le partenaire non atteint de TDAH.

- **Inattention**: Au cours des conversations, le partenaire TDAH peut avoir du mal à rester concentré, ce qui entraîne des malentendus ou la perception qu'il n'est pas pleinement engagé. Cela peut créer des sentiments de déconnexion et de frustration.

- **Réactions impulsives**: L'impulsivité peut également conduire à parler sans réfléchir, ce qui peut entraîner des commentaires blessants ou sans tact lors des conversations. Ces réactions impulsives peuvent mettre à rude épreuve la relation et aggraver inutilement les conflits.

Techniques pour améliorer les compétences d'écoute et d'expression orale

Améliorer la communication dans un mariage atteint de TDAH nécessite que les deux partenaires travaillent activement sur leurs capacités d'écoute et d'expression orale. Voici quelques techniques à considérer :

- **Écoute active**: L'écoute active implique de se concentrer pleinement sur les paroles de votre partenaire sans planifier votre réponse pendant qu'il parle. Cela peut être particulièrement difficile pour les personnes atteintes de TDAH, qui peuvent facilement se laisser distraire. Entraînez-vous à maintenir un contact visuel, à hocher la tête pour montrer votre engagement et à résumer ce que votre partenaire a dit avant de répondre pour vous assurer que vous avez compris son point de vue.

- **Utiliser des repères visuels**: Pour le partenaire TDAH, l'utilisation d'indices visuels ou de rappels écrits pendant les conversations peut aider à rester concentré. Pensez à noter les points clés ou à utiliser une liste de contrôle lors des discussions importantes pour rester sur la bonne voie.

- **Définir des limites de temps pour les conversations**: Pour éviter que les conversations ne deviennent trop lourdes, fixez des limites de temps pour les discussions. Acceptez de revenir sur le sujet plus tard s'il devient trop brûlant ou si le partenaire TDAH a du mal à rester concentré. Cela peut éviter des conversations longues et interminables qui pourraient provoquer de la frustration pour les deux parties.

- **Faites preuve de patience et jouez à tour de rôle**: Les deux partenaires doivent faire preuve de patience en parlant à tour de rôle. Établissez une règle de base selon laquelle chaque partenaire a la possibilité de s'exprimer pleinement avant que l'autre ne réponde. Cela peut aider à éviter les interruptions et à garantir que les deux voix soient entendues.

Gérer les interruptions, l'impulsivité et l'oubli

Les interruptions et l'impulsivité peuvent être particulièrement perturbatrices dans les mariages atteints de TDAH, mais il existe des stratégies pour relever ces défis :

- **Mettre en œuvre des signaux de communication**: Établissez des signaux qui peuvent être utilisés lorsqu'un partenaire interrompt l'autre. Par exemple, lever la main ou utiliser un mot spécifique peut rappeler gentiment d'attendre que l'autre partenaire ait fini de parler.

- **Entraînez-vous à faire une pause**: Encouragez le partenaire TDAH à s'entraîner à faire une pause avant de parler. Cela peut aider à réduire les commentaires impulsifs et leur donner le temps de réfléchir à leurs pensées avant de répondre.

- **Utilisez des rappels pour les conversations importantes**: Pour atténuer les oublis, utilisez des rappels tels que des pense-bêtes, des alarmes ou des calendriers numériques partagés pour suivre les discussions ou les engagements importants. Cela peut aider à garantir que les points clés ne soient pas perdus ou oubliés une fois la conversation terminée.

Créer des modèles de communication sains

Développer des modèles de communication sains est crucial pour réparer les déconnexions et construire un mariage plus solide. Certaines stratégies efficaces comprennent :

- **Prévoyez du temps régulier pour la communication**: Planifiez des enregistrements réguliers où les deux partenaires peuvent discuter de leurs pensées, de leurs sentiments et de tout problème survenu. Ce temps dédié permet de garantir que les conversations importantes ne soient pas négligées dans le chaos de la vie quotidienne.

- **Utilisez les déclarations « I »**: Lorsque vous discutez de sujets difficiles, utilisez les déclarations « je » pour exprimer ce que vous ressentez plutôt que de rejeter la faute sur votre partenaire. Par exemple, dites « Je me sens frustré lorsque des tâches sont oubliées » plutôt que « Vous oubliez toujours des choses ». Cette approche encourage une communication ouverte sans déclencher une attitude défensive.

- **Établir des limites claires**: Fixez des limites quant à la manière et au moment où les conversations difficiles auront lieu. Acceptez d'éviter les sujets sensibles lorsque les émotions sont vives ou lorsqu'un partenaire est distrait. Cela garantit que les conversations ont lieu lorsque les deux partenaires sont dans le meilleur état d'esprit possible pour communiquer efficacement.

- **Concentrez-vous sur les solutions**: Lorsque des conflits surviennent, déplacez l'attention du problème vers la solution. Les deux partenaires devraient travailler ensemble pour trouver des moyens constructifs de résoudre le problème plutôt que de s'attarder sur les erreurs du passé. Cette approche favorise un état d'esprit avant-gardiste et permet d'éviter que les pannes de communication ne deviennent des problèmes récurrents.

Chapitre 5 : Gérer les conflits dans un mariage avec TDAH

Les conflits font inévitablement partie de tout mariage, mais lorsque le TDAH est impliqué, les conflits peuvent dégénérer plus rapidement et devenir plus difficiles à résoudre. L'impulsivité, l'intensité émotionnelle et les difficultés de communication souvent associées au TDAH peuvent rendre difficile la résolution des désaccords de manière calme et constructive. Cependant, avec une prise de conscience, une compréhension et des stratégies pratiques, les couples peuvent gérer les conflits d'une manière qui renforce leur relation plutôt que de la saper.

Identifier les déclencheurs courants de conflit

L'une des premières étapes pour gérer les conflits dans un mariage atteint de TDAH consiste à identifier les déclencheurs courants qui ouvrent la voie aux désaccords. Pour de nombreux couples, ces déclencheurs tournent souvent autour de problèmes tels que :

- **Oubli ou inattention :** Un partenaire peut se sentir blessé ou frustré lorsque l'autre oublie des dates, des tâches ou des détails importants d'une conversation.

- **Désorganisation et désordre :** Les difficultés d'organisation du partenaire TDAH peuvent conduire à un environnement chaotique, ce qui peut frustrer le partenaire non TDAH qui valorise l'ordre et la structure.

- **Impulsivité :** Des décisions ou des actions spontanées, telles que des dépenses impulsives ou des projets sans consulter l'autre partenaire, peuvent entraîner des tensions et des sentiments de trahison.

- **Sensibilité émotionnelle :** Les deux partenaires peuvent être plus enclins à des émotions exacerbées, ce qui peut provoquer une escalade rapide des conflits.

Comment le TDAH influence l'escalade des conflits

Le TDAH peut influencer considérablement la façon dont les conflits dégénèrent dans un mariage. Les personnes atteintes de TDAH peuvent souffrir d'une dérégulation émotionnelle, ce qui signifie qu'elles ont du mal à gérer efficacement leurs émotions. Cela peut conduire à des réactions intenses lors des disputes, rendant difficile l'engagement d'un dialogue productif. Les explosions émotionnelles, le repli sur soi ou le repli sur soi sont des réactions courantes qui peuvent compliquer encore davantage la résolution des conflits.

De plus, l'impulsivité liée au TDAH peut amener un partenaire à dire ou à faire des choses dans le feu de l'action qu'il regrettera plus tard, ajoutant ainsi à la tension. Le partenaire non atteint de TDAH peut se sentir dépassé ou blessé par ces réactions, conduisant à un cycle de reproche et d' attitude défensive. Au fil du temps, si les conflits ne sont pas résolus de manière constructive, ils peuvent éroder la confiance et l'intimité dans la relation.

Techniques de désescalade et de compromis

La clé pour gérer les conflits dans un mariage atteint de TDAH est d'apprendre à désamorcer les tensions avant qu'elles n'atteignent un point de rupture. Voici quelques techniques éprouvées :

- **Pause et réflexion :** Lorsque les émotions sont fortes, il est crucial de faire une pause avant de répondre. Les deux partenaires devraient s'entraîner à prendre du recul lorsqu'ils se sentent dépassés, en leur laissant le temps de se calmer avant de poursuivre la conversation.
- **Écoute active :** L'écoute active est vitale pour les deux partenaires. Cela implique d'entendre véritablement ce que dit votre partenaire sans l'interrompre, ni le

juger ni tirer des conclusions hâtives. Réfléchir à ce que vous avez entendu peut aider à garantir que les deux partenaires se sentent compris.

- **Utilisez les déclarations « I » :** Au lieu de blâmer votre partenaire pour le conflit, utilisez des déclarations « je » pour exprimer vos sentiments. Par exemple, « Je me sens frustré quand… » ou « J'ai besoin d'aide pour… ». Cela déplace l'attention du blâme vers la collaboration.

- **Établissez un mot de sécurité :** Certains couples trouvent utile d'établir un mot ou une phrase sûr que l'un ou l'autre des partenaires peut utiliser pour signaler lorsqu'il doit s'éloigner de la conversation afin d'éviter une escalade. Cela donne aux deux partenaires la permission de se regrouper et de revenir sur le problème avec un état d'esprit plus clair.

- **Compromis avec flexibilité :** Trouver un terrain d'entente est essentiel pour résoudre les conflits. Les deux partenaires doivent être prêts à faire des compromis et à se rencontrer à mi-chemin. La flexibilité est essentielle : reconnaissez que les besoins de chaque partenaire sont valables et travaillez ensemble pour créer des solutions qui profitent à tous les deux.

Créer une boîte à outils de résolution de conflits qui fonctionne pour les deux partenaires

Chaque couple peut bénéficier d'une boîte à outils de résolution de conflits – un ensemble de stratégies et de pratiques sur lesquelles il peut s'appuyer pour gérer les désaccords. Pour les couples aux prises avec le TDAH, cette boîte à outils doit être adaptée à leurs défis et points forts spécifiques. Voici quelques composants essentiels :

- **Enregistrements réguliers :** Planifiez des enregistrements hebdomadaires ou bihebdomadaires pour discuter de la façon dont les choses se passent dans votre relation. Profitez de ce temps pour répondre à toutes les préoccupations avant qu'elles ne se transforment en conflits.
- **Accompagnement thérapeutique :** La thérapie de couple ou le coaching pour le TDAH peuvent fournir des conseils professionnels dans la résolution des conflits. Un thérapeute peut aider les deux partenaires à communiquer plus efficacement et à gérer leurs réactions émotionnelles.
- **Stratégies de régulation émotionnelle :** Pratiquez la pleine conscience, des exercices de respiration profonde ou d'autres techniques pour gérer l'intensité émotionnelle. La mise en place de ces outils peut aider les deux partenaires à

rester calmes et concentrés pendant les conflits.

- **Cadre de résolution de problèmes :** Lorsque vous faites face à un désaccord, utilisez un cadre de résolution de problèmes dans lequel les deux partenaires décrivent le problème, réfléchissent à des solutions potentielles et décident ensemble d'un plan d'action.

Chapitre 6 : Organisation et gestion du temps : équilibrer le chaos et la structure

Dans tout mariage, équilibrer les responsabilités de la vie quotidienne (travail, tâches ménagères, finances et temps personnel) peut être difficile. Lorsque le TDAH fait partie de l'équation, ces défis sont souvent amplifiés. Le TDAH affecte la capacité du cerveau à organiser, prioriser et gérer efficacement le temps, ce qui peut conduire au chaos, au non-respect des délais et à des tensions dans le mariage. Cependant, avec les bonnes stratégies et systèmes, les couples peuvent créer un environnement structuré qui répond aux besoins des deux partenaires et favorise un sentiment d'harmonie et d'ordre.

Comment le TDAH affecte l'organisation, la priorisation et la gestion du temps

Le TDAH altère souvent la fonction exécutive d'une personne, qui régit des compétences telles que la planification, l'organisation et la gestion du temps. Cela peut rendre même des tâches simples insupportables, entraînant de la procrastination, des rendez-vous manqués et des tâches incomplètes. Pour le partenaire non atteint de TDAH, cela peut être une source de frustration, surtout lorsqu'il a le sentiment de supporter une part injuste du fardeau du ménage.

Les défis courants comprennent :

- **Difficulté à prioriser les tâches :** Le cerveau du TDAH peut avoir du mal à faire la différence entre les tâches urgentes et non urgentes, ce qui entraîne un manque de concentration sur ce qui compte vraiment.
- **Cécité du temps :** De nombreuses personnes atteintes de TDAH souffrent de cécité temporelle, ce qui signifie qu'elles ont du mal à évaluer la durée des tâches, ce qui entraîne des retards chroniques ou des efforts précipités.
- **Encombrement et désorganisation :** Les espaces physiques peuvent devenir désorganisés en raison de la difficulté à

garder la trace des biens et à maintenir un système d'ordre.

Créer un environnement structuré qui fonctionne pour les deux partenaires

Pour contrecarrer la désorganisation que peut provoquer le TDAH, il est essentiel que les couples travaillent ensemble pour créer un environnement structuré qui convient aux deux partenaires. Cela ne signifie pas adopter des routines rigides mais plutôt mettre en œuvre des systèmes qui procurent un sentiment d'ordre tout en permettant une certaine flexibilité.

- **Planification collaborative :** Asseyez-vous ensemble et discutez de vos responsabilités quotidiennes, hebdomadaires et mensuelles. Établissez les priorités des deux partenaires et assurez-vous que les tâches sont clairement assignées.
- **Communication claire des attentes :** Il est important de communiquer clairement ses

attentes en matière de responsabilités ménagères. Les deux partenaires doivent se mettre d'accord sur qui gérera quelles tâches et s'enregistrer régulièrement pour s'assurer que le système fonctionne.

- **Désencombrez ensemble :** Travaillez en équipe pour désencombrer et organiser les espaces partagés. Commencez petit, en abordant un domaine à la fois, et créez des systèmes qui ont du sens pour vous deux. Étiqueter les bacs de stockage, utiliser des dossiers à code couleur et désigner des zones spécifiques pour les éléments importants peuvent aider à garder les choses en ordre.

Outils, applications et systèmes pour vous aider à rester organisé en couple

Heureusement, il existe de nombreux outils, applications et systèmes qui peuvent aider les couples atteints de TDAH à rester organisés et à assumer leurs responsabilités. Voici quelques options qui peuvent faire une grande différence :

- **Calendriers numériques :** Utilisez un calendrier numérique partagé comme Google Agenda pour suivre les rendez-vous, les délais et les listes de tâches. La synchronisation de vos calendriers garantit que les deux partenaires sont au courant des événements et des responsabilités importantes.

- **Applications de gestion des tâches :** Des applications comme Todoist, Trello ou Microsoft To Do peuvent vous aider à organiser les tâches, à fixer des délais et à suivre les progrès. Divisez les tâches en étapes plus petites et gérables pour réduire la surcharge.

- **Minuteries et alarmes :** Les minuteries et les alarmes peuvent être inestimables pour gérer efficacement le temps. Utilisez-les pour définir des rappels pour des tâches importantes ou pour vous aider à respecter votre emploi du temps pendant la journée.

- **Applications de création de routine :** Des applications comme Routinary ou Streaks aident à créer des routines cohérentes en suivant les habitudes quotidiennes et en renforçant les comportements positifs.

Adopter la flexibilité tout en maintenant les limites

Bien que la structure et l'organisation soient importantes, il est tout aussi crucial de faire preuve de flexibilité dans un mariage avec TDAH. La vie est imprévisible et des routines strictes peuvent parfois causer du stress si elles sont trop rigides. Prévoyez de l'espace pour les ajustements, mais maintenez également des limites qui garantissent que les besoins des deux partenaires sont satisfaits.

- **Routines flexibles :** Concevoir des routines qui offrent une structure sans être trop prescriptives. Par exemple, au lieu de fixer une heure fixe pour chaque tâche, créez des plages horaires générales qui fournissent des conseils mais permettent des ajustements si nécessaire.

- **Soutien mutuel :** Les deux partenaires doivent faire preuve de flexibilité pour se soutenir mutuellement lorsque le partenaire TDAH a des difficultés avec l'organisation ou la gestion du temps. Plutôt que de vous sentir frustré, abordez la situation avec empathie et volonté de vous adapter.

- **Limites autour des temps d'arrêt :** Même s'il est important d'être flexible, fixez des limites aux temps d'arrêt pour garantir que les deux partenaires aient le temps de se ressourcer. Ceci est particulièrement important pour prévenir l'épuisement professionnel

et maintenir l'équilibre dans la
relation.

Chapitre 7 : Finances et TDAH : l'argent compte dans le mariage

L'argent peut être l'une des sources de tension les plus importantes dans un mariage, et lorsqu'un TDAH est impliqué, la gestion des finances peut devenir encore plus compliquée. Le TDAH peut avoir un impact sur tout, de la budgétisation et de l'épargne à la planification de l'avenir et à la gestion des dépenses impulsives. Comprendre ces défis et mettre en œuvre des stratégies pour les relever est crucial pour favoriser un mariage financièrement stable et harmonieux.

Luttes financières courantes dans les mariages atteints de TDAH

Bon nombre des défis financiers liés au TDAH découlent des mêmes difficultés liées aux fonctions exécutives qui affectent d'autres domaines de la vie. Voici quelques-unes des difficultés les plus courantes :

- **Dépenses impulsives :** Les personnes atteintes de TDAH ont souvent du mal à contrôler leurs impulsions, ce qui conduit à des dépenses spontanées et parfois imprudentes pour des articles non essentiels. Ces achats peuvent mettre à rude épreuve les finances du couple et entraîner des sentiments de frustration ou de ressentiment chez le partenaire non atteint de TDAH.

- **Difficulté à budgétiser et à planifier :** Créer et respecter un budget nécessite une attention constante aux détails et à la planification. Le TDAH peut empêcher l'un des partenaires de rester organisé et concentré sur ses objectifs financiers à long terme, ce qui conduit à des dépenses excessives ou à la négligence des économies.

- **Oubli des factures et des délais :** Les retards de paiement des factures ou le non-respect des délais pour les obligations financières sont courants dans les mariages atteints de TDAH, souvent dus à un oubli ou à une désorganisation. Cela peut entraîner des pénalités, un crédit endommagé et un stress supplémentaire.

- **Dépenses émotionnelles :** La dérégulation émotionnelle, une autre caractéristique du TDAH, peut entraîner des dépenses émotionnelles, en utilisant les achats comme mécanisme d'adaptation au stress, à l'ennui ou à l'inconfort émotionnel. Cela peut créer des tensions financières supplémentaires et des conflits entre les partenaires.

Développer la responsabilité financière et l'imputabilité

Pour gérer avec succès les finances d'un mariage atteint de TDAH, les deux partenaires doivent travailler ensemble pour créer des systèmes de responsabilisation et de responsabilité partagée. Voici quelques stratégies pour aider les couples à rester sur la bonne voie :

- **Communication ouverte sur l'argent :** Prenez l'habitude de discuter régulièrement des finances. Planifiez des réunions mensuelles ou bihebdomadaires pour examiner votre budget, vos dépenses à venir et vos objectifs financiers. Garder les lignes de communication ouvertes permet d'éviter les surprises et de renforcer la confiance entre les partenaires.
- **Définissez des rôles financiers clairs :** Déterminez qui sera responsable des différentes tâches financières. Par exemple, un

partenaire peut s'occuper du paiement des factures tandis que l'autre gère les investissements ou l'épargne. Définir clairement les rôles garantit la responsabilité et permet d'éviter les délais manqués ou les efforts en double.

- **Automatisez les finances :** Profitez de l'automatisation autant que possible. Mettez en place des paiements automatiques de factures, des transferts d'épargne et des cotisations d'investissement pour garantir que les tâches financières critiques se déroulent régulièrement sans nécessiter une attention constante.

- **Créer des systèmes de responsabilisation :** Qu'il s'agisse d'enregistrements hebdomadaires, d'applications financières qui suivent les dépenses ou de responsabilités partagées dans la gestion des reçus et le suivi des dépenses, la mise en place d'un système de responsabilisation peut aider les deux partenaires à rester maîtres de leurs finances.

Outils et stratégies de budgétisation pour les couples atteints de TDAH

La création d'un budget est essentielle à la stabilité financière, mais elle est particulièrement importante dans les mariages atteints de TDAH, où l'impulsivité et l'oubli peuvent faire dérailler les plans financiers. Voici quelques outils et stratégies pour aider les couples atteints de TDAH à établir et à respecter un budget :

- **Utilisez des outils de budgétisation visuelle :** Les outils visuels tels que les diagrammes circulaires, les graphiques ou les feuilles de calcul à code couleur peuvent être plus attrayants pour les cerveaux atteints de TDAH. Des outils comme YNAB (You Need A Budget) ou Mint offrent des interfaces conviviales qui rendent la budgétisation plus intuitive et plus facile à suivre.

- **Implémentez la « méthode de l'enveloppe » :** La méthode des enveloppes est un système de budgétisation basé sur la trésorerie dans lequel l'argent est réparti dans différentes enveloppes pour des catégories spécifiques (par exemple, épicerie, divertissement, factures). Une fois l'argent contenu dans une enveloppe dépensée, aucun montant supplémentaire ne peut être utilisé dans cette catégorie pour le mois. Cette méthode encourage la pleine conscience et limite les dépenses impulsives.

- **Suivez vos dépenses quotidiennement ou hebdomadairement :** Les personnes atteintes de TDAH bénéficient souvent de rappels fréquents pour rester sur la bonne voie. Le suivi régulier des dépenses dans une application de budgétisation, un journal ou une feuille de calcul peut aider à renforcer les habitudes positives et à éviter les erreurs financières.

- **Fixez-vous de petits objectifs réalisables :** Au lieu d'essayer de remanier l'ensemble de votre système financier d'un seul coup, concentrez-vous sur de petits changements progressifs. Fixez-vous des objectifs à court terme réalisables, comme économiser un montant spécifique chaque semaine ou respecter le budget d'une catégorie particulière pour le mois. Célébrez ces victoires pour créer une dynamique.

Aligner les objectifs financiers et gérer les dépenses impulsives

L'un des éléments les plus essentiels de l'harmonie financière dans le mariage est l'alignement sur les objectifs financiers. Lorsque les partenaires sont sur la même longueur d'onde, il devient plus facile de gérer les décisions financières quotidiennes et de planifier l'avenir.

- **Définir des objectifs financiers partagés :** Asseyez-vous ensemble et discutez de vos objectifs financiers à long terme, comme épargner pour une maison, constituer un fonds d'urgence ou planifier votre retraite. Créez une vision de ce à quoi ressemblera votre avenir financier en tant que couple et élaborez une feuille de route pour y parvenir.
- **Convenez des limites de dépenses :** Établissez des limites de dépenses mutuellement convenues pour les achats non essentiels. Par exemple, convenez que tout achat dépassant un certain montant doit être discuté avec l'autre partenaire

avant d'être effectué. Cela peut contribuer à freiner les dépenses impulsives et à favoriser la transparence.

- **Créez un fonds amusant :** Prévoyez de l'espace dans votre budget pour des dépenses spontanées et sans culpabilité en mettant de côté une petite somme d'argent prédéterminée que chaque partenaire pourra utiliser comme bon lui semble. Cette approche reconnaît le besoin de spontanéité occasionnelle du partenaire TDAH tout en maintenant une discipline financière globale.

- **Recherchez des conseils financiers si nécessaire :** Si la gestion des finances continue d'être une source de conflit, envisagez de demander l'aide d'un conseiller ou d'un planificateur financier qui a de l'expérience avec les couples atteints de TDAH. Un professionnel

peut vous proposer des stratégies
sur mesure pour relever vos défis
uniques.

Chapitre 8 : Être parent avec le TDAH : stratégies de coparentalité pour réussir

Être parent peut être une aventure à la fois passionnante et difficile pour n'importe quel couple, mais lorsque le TDAH fait partie de l'équation, les exigences liées à l'éducation des enfants semblent souvent encore plus complexes. Le TDAH peut affecter l'attention, l'organisation, la patience et la cohérence, autant d'éléments essentiels à la parentalité. Cependant, avec les bonnes stratégies, la coparentalité dans un mariage atteint de TDAH peut être une expérience enrichissante et réussie.

Les défis de la parentalité lorsqu'un ou les deux partenaires souffrent de TDAH

Lorsque le TDAH est présent chez l'un ou les deux parents, les défis parentaux typiques peuvent être amplifiés. Voici quelques-uns des obstacles les plus courants auxquels les couples sont confrontés lorsqu'ils sont coparentaux atteints de TDAH :

- **Incohérence dans les styles parentaux :** Le TDAH entraîne souvent des incohérences, notamment dans l'application des règles et des conséquences. Le parent TDAH peut avoir du mal à respecter les limites ou à faire preuve de discipline, ce qui entraîne de la confusion pour les enfants et de la frustration pour le partenaire non TDAH.

- **Difficulté d'organisation et de planification :** Le TDAH peut rendre difficile la nécessité de rester organisé, de planifier à l'avance ou de suivre les horaires. Les parents atteints de TDAH peuvent avoir du mal à se souvenir des événements scolaires, des rendez-vous ou des routines quotidiennes, ce qui peut créer le chaos dans le foyer.

- **Dysrégulation émotionnelle et impulsivité :** La gestion des émotions peut être difficile pour les parents atteints de TDAH. Les réactions impulsives ou les explosions émotionnelles peuvent avoir un impact négatif sur la parentalité, entraînant du stress et des tensions au sein de la famille. Cela peut rendre difficile pour le parent TDAH d'adopter un comportement calme et rationnel pour ses enfants.

- **Équilibrer les rôles parentaux :** Lorsque le TDAH fait partie du mariage, il peut y avoir une répartition inégale des responsabilités parentales. Le partenaire non atteint de TDAH peut avoir l'impression de porter une charge plus lourde, ce qui peut conduire au ressentiment et à l'épuisement professionnel.

Bâtir de solides partenariats parentaux

Une coparentalité efficace nécessite un partenariat solide dans lequel les deux parents comprennent et se soutiennent mutuellement. Voici des stratégies pour bâtir une relation parentale coopérative et équilibrée :

- **Communication ouverte :** Une communication claire et honnête est la clé d'une coparentalité réussie. Les deux partenaires doivent discuter de leurs défis individuels et de la meilleure façon de se soutenir mutuellement. Prévoyez du temps pour des enregistrements réguliers où vous pourrez parler de vos objectifs parentaux, de vos frustrations et des ajustements qui doivent être apportés.
- **Déléguer en fonction des points forts :** Dans un mariage TDAH, chaque partenaire apporte des atouts uniques à la dynamique parentale. Le partenaire non TDAH

peut exceller dans l'organisation et la planification, tandis que le partenaire TDAH peut être plus spontané et créatif. Déléguez des responsabilités en fonction de ces atouts pour créer une approche plus équilibrée de la parentalité.

- **Établissez des règles et des routines cohérentes :** La cohérence est cruciale pour le bien-être émotionnel des enfants, il est donc important de travailler ensemble pour établir des règles et des routines à la maison. Cette cohérence devrait s'appliquer à tous, de l'heure du coucher à la discipline. Même si le partenaire TDAH a du mal à assurer le suivi, le fait de s'être mis d'accord sur des lignes directrices permet aux deux parents de rester plus facilement sur la même longueur d'onde.

- **Fournir un soutien mutuel :** La parentalité est un effort d'équipe et le soutien mutuel est essentiel. Lorsque le partenaire TDAH est en difficulté, le partenaire non TDAH peut offrir des conseils et de l'aide sans jugement. De même, le partenaire TDAH peut reconnaître les efforts supplémentaires que le partenaire non-TDAH déploie pour maintenir la stabilité, en offrant appréciation et soutien en retour.

Gérer efficacement le ménage

Gérer un foyer atteint de TDAH nécessite une planification intentionnelle et l'utilisation d'outils pratiques pour maintenir l'ordre et réduire le stress. Voici quelques stratégies pour assurer le bon fonctionnement du ménage :

- **Créez un calendrier familial :** Un calendrier familial partagé, qu'il soit physique ou numérique, peut aider les deux parents à rester au courant des dates et responsabilités importantes. Utilisez-le pour suivre les événements scolaires, les activités parascolaires, les rendez-vous médicaux et les obligations familiales. Le codage couleur du calendrier pour chaque membre de la famille peut faciliter l'organisation.

- **Divisez les tâches en étapes gérables :** Le TDAH peut rendre difficile la réalisation de tâches importantes, alors divisez les tâches ménagères et les responsabilités parentales en étapes plus petites et gérables. Par exemple, au lieu de demander au partenaire TDAH de « nettoyer la maison », divisez la tâche en actions plus petites comme « passer l'aspirateur dans le salon » ou « plier le linge ».

- **Utilisez des rappels visuels :** Des rappels visuels tels que des tableaux de tâches, des listes de contrôle ou des notes autocollantes placées dans la maison peuvent aider le parent

TDAH à rester sur la bonne voie avec ses responsabilités. Par exemple, placer une note près de la porte pour leur rappeler de préparer les déjeuners des enfants peut être un signal utile.

- **Planifier les temps d'arrêt :** Gérer un ménage et élever des enfants peut être épuisant, surtout lorsque le TDAH fait partie du mélange. Assurez-vous de prévoir des temps d'arrêt réguliers pour que les deux parents puissent se ressourcer et prendre soin d'eux-mêmes. Cela évitera l'épuisement professionnel et aidera les deux partenaires à rester plus présents et engagés dans leur rôle parental.

Donner la priorité aux soins personnels tout en élevant des enfants

Être parent peut être très exigeant, et pour les parents atteints de TDAH, les exigences peuvent sembler écrasantes. Donner la priorité aux soins personnels est crucial pour maintenir à la fois votre santé mentale et votre efficacité en tant que parent. Voici quelques façons d'intégrer les soins personnels à votre routine quotidienne :

- **Programmez des pauses régulières :** Prévoyez du temps pour de courtes pauses tout au long de la journée, même s'il ne s'agit que de quelques minutes pour méditer, vous étirer ou faire une promenade. Ces petites pauses peuvent aider à réduire le stress et à prévenir l'épuisement émotionnel.
- **Participez à une activité physique :** L'exercice régulier est non seulement bon pour la santé, mais peut également améliorer la concentration, l'humeur et les niveaux d'énergie. Intégrez l'activité physique à votre routine, qu'il s'agisse de courir, de pratiquer le yoga ou de pratiquer un sport avec vos enfants.

- **Maintenez une routine de sommeil saine :** Le sommeil est essentiel pour les deux parents, mais particulièrement pour les personnes atteintes de TDAH, qui peuvent déjà avoir des difficultés d'attention et de régulation émotionnelle. Donnez la priorité à un sommeil suffisant chaque nuit et envisagez d'établir une routine au coucher qui vous aide à vous détendre et à vous détendre.

- **Rechercher de l'aide :** N'ayez pas peur de demander de l'aide lorsque vous en avez besoin. Qu'il s'agisse de solliciter l'aide des membres de la famille, d'embaucher une baby-sitter ou de rejoindre un groupe de soutien parental, disposer d'un réseau de soutien peut faire une différence significative.

Chapitre 9 : Sexe, intimité et TDAH

Les relations sexuelles et l'intimité sont des aspects essentiels de tout mariage, mais lorsque le TDAH entre en scène, ces domaines peuvent être confrontés à des défis uniques. Le TDAH peut avoir un impact sur tout, du désir sexuel et du lien émotionnel jusqu'à l'intimité physique, conduisant à de la frustration, des malentendus et même des sentiments de rejet. Cependant, avec la sensibilisation, la communication et un engagement à favoriser une connexion saine, les couples peuvent raviver la passion et renforcer leur lien émotionnel et physique.

Comment le TDAH affecte les relations sexuelles et l'intimité

Le TDAH influence l'intimité de plusieurs manières, souvent en raison de son impact sur l'attention, la régulation émotionnelle et la sensibilité sensorielle. Voici quelques façons courantes dont le TDAH peut affecter la dynamique sexuelle dans une relation :

- **Hyperfocus sur l'intimité :** Les personnes atteintes de TDAH peuvent ressentir une hyperconcentration au cours des premières étapes d'une relation, conduisant à une passion et un désir intenses. Cependant, à mesure que la nouveauté s'estompe, leur attention peut se déplacer vers d'autres intérêts, ce qui amène le partenaire non atteint de TDAH à se sentir abandonné ou moins désiré.

- **Sensibilité au rejet :** De nombreuses personnes atteintes de TDAH éprouvent une sensibilité accrue au rejet (dysphorie sensible au rejet). Cela peut se manifester dans les relations sexuelles par des réactions émotionnelles extrêmes face aux critiques, au désintérêt ou au rejet perçus de la part de leur partenaire. Même de petits changements d'affectation peuvent sembler profondément personnels, conduisant au repli sur soi ou à un conflit.

- **Dysrégulation émotionnelle :** L'intensité émotionnelle peut fluctuer rapidement chez les personnes atteintes de TDAH. Cela peut affecter les relations sexuelles en créant un climat émotionnel imprévisible. À un moment donné, ils peuvent se sentir profondément connectés et passionnés ; le lendemain, ils peuvent se sentir distants ou distraits.

- **Ennui et distraction :** Le TDAH peut également conduire à l'ennui dans les relations à long terme. La nouveauté des nouvelles expériences est passionnante, mais une fois les routines établies, les personnes atteintes de TDAH peuvent avoir du mal à maintenir leur intérêt. Cela peut entraîner un manque d'enthousiasme pour l'intimité physique.

Stratégies pour raviver la passion et améliorer la connexion

Raviver la passion et maintenir un lien émotionnel fort nécessite que les deux partenaires soient proactifs pour relever les défis que présente le TDAH. Voici des stratégies pour favoriser une relation sexuelle plus saine et plus épanouissante :

- **Communication ouverte :** Prenez l'habitude de discuter ouvertement et honnêtement de vos besoins et désirs sexuels. Abordez tout malentendu pouvant découler de comportements liés au TDAH, tels que la distraction ou le retrait émotionnel. Une communication claire aide à prévenir les sentiments de rejet et renforce la confiance.

- **Créez des rituels intimes :** Établissez de petits rituels intimes qui aident les deux partenaires à se sentir régulièrement connectés. Cela peut inclure des soirées en amoureux programmées, des moments de contact physique tout au long de la journée ou la réservation de temps pour une conversation ininterrompue avant de se coucher. Ces rituels permettent de maintenir une intimité émotionnelle même pendant les périodes chargées ou stressantes.

- **Soyez intentionnel à propos du sexe :** Pour certains couples, planifier des relations sexuelles peut sembler peu romantique, mais cela peut être incroyablement utile pour ceux qui sont aux prises avec le TDAH. Réserver des moments spécifiques pour l'intimité peut aider à surmonter les distractions et garantir que les besoins des deux partenaires sont prioritaires.

- **Adoptez la spontanéité :** Si les routines peuvent être bénéfiques, il est également important de laisser place à la spontanéité dans la chambre. Surprenez votre partenaire avec des gestes d'affection inattendus ou commencez à avoir des relations sexuelles à un autre moment de la journée. Cela ajoute de l'excitation et aide à combattre l'ennui qui peut accompagner le TDAH.

Résoudre des problèmes tels que l'hyper concentration, la sensibilité au rejet et l'ennui

Comprendre et résoudre les problèmes spécifiques au TDAH qui surviennent dans les relations sexuelles est crucial pour que les deux partenaires se sentent satisfaits et connectés. Voici comment aborder certains des défis les plus courants :

- **Navigation dans Hyperfocus :** Si un partenaire atteint de TDAH n'est plus hyper concentré sur la relation, le partenaire non TDAH peut se sentir négligé. Reconnaissez ce changement et travaillez ensemble pour ramener l'intentionnalité dans vos interactions. Cela peut impliquer de trouver de nouvelles façons d'interagir émotionnellement et sexuellement.

- **Sensibilité au rejet :** Lorsque la sensibilité au rejet affecte l'intimité, il est important de rassurer le partenaire TDAH sur le fait que toute diminution de l'affection ou de l'activité sexuelle ne reflète pas sa valeur. Recadrer les moments de rejet comme des opportunités de communiquer plutôt que comme des échecs personnels.

- **Combattre l'ennui :** Pour lutter contre l'ennui, variez vos expériences en couple. Essayez de nouvelles activités ensemble, expérimentez différentes formes d'intimité et explorez des moyens de raviver l'enthousiasme que vous avez ressenti au début de votre relation.

Construire une intimité émotionnelle et physique grâce à la pleine conscience

La pleine conscience – la pratique consistant à être présent et pleinement engagé dans l'instant présent sans jugement – peut profondément améliorer l'intimité émotionnelle et physique dans les relations, en particulier dans les mariages où le TDAH est un facteur. Pour les couples confrontés au TDAH, où les distractions, l'impulsivité et la dérégulation émotionnelle peuvent mettre à rude épreuve les connexions, la pleine conscience offre un outil puissant pour approfondir les liens, favoriser la compréhension et entretenir une relation plus solide.

Le rôle de la pleine conscience dans l'intimité émotionnelle

L'intimité émotionnelle est le fondement d'une relation solide, et la pleine conscience aide à créer un espace permettant aux deux partenaires de se connecter plus profondément. Pour les personnes atteintes de TDAH, qui peuvent souffrir d'inattention ou de volatilité émotionnelle, la pratique de la pleine conscience peut réduire la réactivité émotionnelle et favoriser un sentiment de calme et de stabilité.

- **Écoute active :** La pleine conscience nous apprend à écouter activement sans jugement ni distraction. Dans un mariage TDAH, où l'un des partenaires peut avoir du mal à rester concentré pendant les conversations, l'écoute attentive encourage les deux partenaires à être pleinement présents l'un avec l'autre. Cela signifie mettre de côté les distractions, maintenir un contact visuel et vraiment entendre ce que dit l'autre personne. Cette pratique aide à construire une intimité émotionnelle en validant les pensées et les sentiments de chaque partenaire.

- **Conscience émotionnelle :** La pleine conscience encourage la conscience de soi et la réflexion, ce qui peut être particulièrement utile pour les personnes atteintes de TDAH. En étant à l'écoute de leurs émotions sans jugement, les partenaires atteints de TDAH peuvent mieux comprendre leurs propres déclencheurs et réponses émotionnelles. Cette conscience de soi permet une régulation émotionnelle plus saine et une communication plus productive, aidant les deux partenaires à se sentir plus connectés émotionnellement.

- **Cultiver l'empathie et la compassion :** La pleine conscience favorise l'empathie en encourageant les individus à être présents et à ne pas porter de jugement à l'égard des expériences de leur partenaire. Les couples qui pratiquent la pleine conscience sont plus à même de sympathiser les uns avec les autres, offrant soutien et compassion en cas de conflits ou de malentendus. Cette connexion émotionnelle renforce le lien et favorise une plus grande intimité.

- **Ralentir pour se connecter :** La nature trépidante et distraite de la vie moderne – exacerbée par l'impulsivité du TDAH – peut rendre difficile pour les couples d'établir des liens significatifs. La pleine conscience encourage les deux partenaires à ralentir et à savourer des moments ensemble, que ce soit à travers une conversation tranquille, un repas partagé ou simplement assis ensemble en silence. Ces pauses de pleine conscience contribuent à créer un lien émotionnel plus profond.

Le rôle de la pleine conscience dans l'intimité physique

L'intimité physique est un autre élément essentiel d'un mariage solide, mais le TDAH peut introduire des défis tels que la distraction, l'impulsivité ou le détachement émotionnel qui peuvent interférer avec le maintien d'un lien physique étroit. La pleine conscience peut aider les couples à se reconnecter physiquement en favorisant une conscience plus profonde de leur corps, de leurs sensations et du moment présent.

- **Toucher conscient :** Le toucher est une forme de communication puissante, mais il est facile de l'oublier ou de se précipiter lorsque la vie devient trépidante. Le toucher conscient implique de concentrer pleinement votre attention sur les sensations du toucher, que ce soit par le biais d'un simple câlin, d'une prise en main ou d'un moment plus intime. Cette conscience accrue améliore la qualité de la connexion physique, aidant les deux partenaires à se sentir plus en phase avec les besoins de chacun.

- **Sexe conscient :** Le sexe en pleine conscience consiste à être pleinement présent pendant les moments intimes, en se concentrant sur les sensations, les émotions et la connexion avec votre partenaire plutôt que de vous laisser distraire par des pensées ou des inquiétudes. Pour les couples où le TDAH peut amener l'un des partenaires à s'évanouir mentalement ou à se distraire pendant les rapports sexuels, la pleine conscience peut aider à garder les deux partenaires engagés et connectés émotionnellement tout au long de l'expérience. Le sexe conscient encourage un niveau plus profond de satisfaction physique et émotionnelle.

- **Réduire l'anxiété liée à la performance :** Pour certaines personnes atteintes de TDAH, l'anxiété liée à la performance ou la peur de ne pas être pleinement présente pendant l'intimité peut interférer avec leur capacité à se connecter physiquement. Les pratiques de pleine conscience, telles que la respiration profonde et l'analyse corporelle, peuvent aider à réduire cette anxiété en ancrant l'individu dans le moment présent et en relâchant la pression nécessaire pour performer parfaitement. Cet état d'esprit détendu améliore l'intimité physique et favorise une plus grande confiance entre les partenaires.

- **Améliorer la conscience sensuelle :** La pleine conscience aide les individus à se mettre à l'écoute de leurs sens, permettant ainsi une expérience plus vive et plus satisfaisante du toucher, du goût, de l'odorat et du son pendant les moments intimes. Cette conscience accrue peut raviver la passion dans une relation, rendant chaque interaction physique plus significative et plus agréable.

Pratiques pour développer la pleine conscience dans votre relation

Intégrer la pleine conscience dans votre relation ne doit pas être compliqué. Voici quelques pratiques simples qui peuvent vous aider à développer une intimité émotionnelle et physique grâce à la pleine conscience :

- **Respirer ensemble en pleine conscience :** Commencez ou terminez la journée en prenant quelques minutes pour respirer ensemble. Asseyez-vous face à face, tenez-vous la main et synchronisez vos respirations. Concentrez-vous sur la sensation de respiration et la connexion entre vous. Cette pratique crée un moment de connexion apaisant et partagé.

- **Méditation de pleine conscience :** Réservez du temps pour méditer ensemble. Qu'elle soit guidée ou silencieuse, la méditation aide les deux partenaires à développer la pleine conscience et la régulation émotionnelle. Après la méditation, discutez de ce que vous avez ressenti pendant la pratique pour établir un lien émotionnel et une compréhension.

- **Pratiquez la gratitude :** Intégrez une pratique quotidienne de gratitude où chaque partenaire partage quelque chose qu'il apprécie chez l'autre. Cet acte simple encourage la pleine conscience des qualités positives de la relation et favorise l'intimité émotionnelle.

- **Enregistrements attentifs :** Tout au long de la journée, prenez quelques instants pour vous enregistrer en pleine conscience. Qu'il s'agisse d'une brève conversation ou d'une brève accolade, ces enregistrements offrent des opportunités de se reconnecter et d'être présents les uns avec les autres au milieu du chaos de la vie quotidienne.

- **Exercices sensoriels :** Participez à des exercices qui améliorent la conscience sensorielle, comme manger en pleine conscience ou toucher en pleine conscience. Concentrez-vous sur les détails de l'expérience – le goût des aliments, la texture de la peau de votre partenaire – et savourez les sensations sans vous précipiter.

Chapitre 10 : Créer des routines qui fonctionnent pour vous

Les routines sont essentielles à la gestion du TDAH, mais dans le contexte du mariage, elles servent un objectif encore plus important : elles créent de la stabilité, de la prévisibilité et de l'équilibre. Dans un mariage TDAH, les routines aident à minimiser le chaos et à réduire le stress, permettant aux deux partenaires de fonctionner plus efficacement en équipe. Cependant, le défi réside dans le développement de routines qui fonctionnent pour les deux partenaires sans étouffer la spontanéité et la flexibilité.

L'importance des routines dans un mariage TDAH

Les routines fournissent une structure, ce qui est essentiel pour les personnes atteintes de TDAH qui peuvent avoir des difficultés avec l'organisation, la gestion du temps et la cohérence. Dans un mariage, les routines profitent aux deux partenaires en réduisant la fatigue décisionnelle, en évitant les malentendus et en créant un sentiment d'ordre. Certains avantages clés des routines dans un mariage TDAH comprennent :

- **La prévisibilité réduit l'anxiété :** Des routines prévisibles aident les personnes atteintes de TDAH à se sentir plus en contrôle de leur environnement. Cela réduit l'anxiété et le stress, qui peuvent autrement conduire à une dérégulation émotionnelle et à des conflits.

- **Améliorer le partenariat et le travail d'équipe :** Lorsque des routines sont établies, les deux partenaires savent à quoi s'attendre et peuvent travailler ensemble plus efficacement. Cela réduit la charge pesant sur un partenaire pour gérer les responsabilités quotidiennes et crée une dynamique plus équilibrée.

- **Améliorer la concentration et la productivité :** Des routines régulières permettent aux personnes atteintes de TDAH de mieux se concentrer sur leurs tâches. Lorsque les activités sont planifiées, il est moins nécessaire de prendre des décisions sur le moment, ce qui entraîne une productivité accrue et un foyer plus calme.

Développer des horaires quotidiens flexibles mais fonctionnels

Bien que les routines soient importantes, la flexibilité est également essentielle dans un mariage atteint de TDAH. Un emploi du temps rigide peut sembler écrasant ou restrictif, en particulier pour les personnes atteintes de TDAH qui prospèrent grâce à la nouveauté et à la spontanéité. L'objectif est de créer un planning fonctionnel qui laisse place à l'adaptabilité.

- **Commencez par les essentiels :** Identifiez les tâches non négociables qui doivent faire partie de votre routine, comme le travail, les repas et le sommeil. Construisez votre emploi du temps autour de ces activités principales, en vous assurant qu'elles sont cohérentes d'un jour à l'autre.

- **Autoriser le temps tampon :** Le TDAH s'accompagne souvent de difficultés à estimer la durée des tâches. Prévoyez du temps tampon dans votre emploi du temps pour tenir compte de ces erreurs de calcul et éviter le sentiment d'être pressé ou dépassé.

- **Structure d'équilibre avec flexibilité :** Intégrez des moments de flexibilité à votre emploi du temps quotidien. Par exemple, désignez une heure précise pour le travail ou les tâches ménagères, mais accordez-vous la liberté de décider de la manière dont vous souhaitez aborder ces tâches. Cela maintient la structure en place sans sensation d'étouffement.

- **Adaptez-vous aux besoins changeants :** Soyez ouvert à revoir et à ajuster votre routine si nécessaire. Ce qui fonctionne pendant une phase de la vie peut devoir être modifié à mesure que les circonstances changent, alors maintenez un dialogue ouvert avec votre partenaire sur la façon dont les routines peuvent évoluer pour répondre à vos deux besoins.

Stratégies pour équilibrer la spontanéité et la prévisibilité

Trouver un équilibre entre spontanéité et prévisibilité est un défi majeur dans les mariages atteints de TDAH, car l'un des partenaires peut avoir soif de routine tandis que l'autre s'épanouit dans la variété. Trouver un juste milieu qui satisfasse les deux partenaires est essentiel pour maintenir l'harmonie dans la relation.

- **Réservez du temps à la spontanéité :** Désignez des moments précis au cours de la semaine pour les activités non structurées. Ces périodes « libres » donnent au partenaire TDAH la possibilité d'explorer de nouveaux intérêts tout en conservant la structure globale de la journée.
- **Compromis sur les changements de routine :** Si l'un des partenaires a besoin d'un changement de routine, discutez-en ensemble et trouvez un compromis qui fonctionne pour les deux. Peut-être que la routine reste en grande partie la même, mais avec quelques modifications pour répondre au besoin de variété du partenaire TDAH.

- **Utilisez un planificateur visuel :** Des planificateurs visuels ou des outils numériques affichant les activités de la journée peuvent être utiles aux couples atteints de TDAH. Ces planificateurs fournissent un aperçu clair de ce qui est attendu tout en permettant des ajustements tout au long de la journée.

Outils pour respecter les routines et atteindre la cohérence

S'en tenir aux routines peut être difficile pour les personnes atteintes de TDAH, mais utiliser les bons outils peut faire une différence significative. Voici quelques outils et stratégies efficaces pour maintenir la cohérence :

- **Applications de gestion des tâches :** Des applications comme Todoist, Trello ou Microsoft To Do peuvent vous aider à organiser les tâches et les plannings. Ces applications vous permettent de définir des rappels, de créer des listes de contrôle et de suivre vos progrès tout au long de la journée.

- **Minuteries et alarmes visuelles :** Les minuteries visuelles peuvent aider les personnes atteintes de TDAH à rester concentrées sur leur tâche et à gérer leur temps plus efficacement. Réglez des alarmes pour signaler les transitions entre les activités, vous aidant ainsi à respecter votre routine sans vous laisser distraire.

- **Partenaires responsables :** Avoir un partenaire responsable, qu'il s'agisse de votre conjoint, d'un ami ou d'un coach, peut vous aider à rester sur la bonne voie avec votre routine. Des enregistrements réguliers procurent de la motivation et un sentiment d'accomplissement.

- **Suivi des habitudes :** Utilisez un outil de suivi des habitudes pour suivre vos progrès avec les routines. Marquer chaque tâche terminée fournit un rappel visuel de vos progrès et renforce le comportement positif. Les trackers d'habitudes peuvent être trouvés sous de nombreuses formes, des journaux physiques aux applications numériques comme Habitica ou Streaks. Ces outils sont particulièrement utiles pour renforcer la cohérence au fil du temps.

- **Enregistrements quotidiens avec votre partenaire :** À la fin de chaque journée, prenez quelques minutes pour revoir ensemble votre routine. Discutez de ce qui a fonctionné, de ce qui n'a pas fonctionné et apportez les ajustements nécessaires. Cette pratique favorise une communication continue et garantit que les deux partenaires se sentent soutenus dans le maintien de la routine.

- **Utilisez des repères visuels :** Des repères visuels, tels que des notes autocollantes, des tableaux muraux ou des calendriers à code couleur, peuvent aider à renforcer les routines et à garantir que les tâches importantes ne sont pas oubliées. Par exemple, placer une note près de la porte d'entrée pour vous rappeler les clés ou établir une liste de contrôle dans la cuisine peut réduire le risque d'étapes manquées.

Renforcer la cohérence grâce au renforcement positif

Dans un mariage atteint de TDAH, il est important de célébrer les petites victoires et les progrès, plutôt que de se concentrer uniquement sur ce qui ne fonctionne pas. Le renforcement positif peut aider les deux partenaires à rester motivés et engagés dans le maintien de leurs routines. Reconnaissez et célébrez lorsque les routines sont suivies avec succès, que ce soit par des éloges verbaux, de petites récompenses ou simplement en reconnaissant les efforts déployés.

Ces routines soutiendront non seulement la capacité du partenaire TDAH à gérer ses symptômes, mais renforcent également les fondements généraux de votre relation.

Chapitre 11 : TDAH et santé mentale : naviguer dans la dépression, l'anxiété et le stress

Vivre avec le TDAH implique souvent plus que simplement gérer les symptômes de distraction, d'impulsivité ou d'hyperactivité. Cela peut également s'associer à d'autres problèmes de santé mentale comme l'anxiété, la dépression et le stress chronique. Pour les couples, ces problèmes de santé mentale peuvent affecter considérablement à la fois les partenaires et la dynamique relationnelle. Comprendre le lien entre le TDAH et la santé mentale et développer des stratégies pour se soutenir mutuellement est crucial pour maintenir un mariage sain.

Comment le TDAH est lié aux problèmes de santé mentale

Les personnes atteintes de TDAH sont plus susceptibles de souffrir de problèmes de santé mentale comorbides comme l'anxiété et la dépression. Les défis constants liés à la gestion des symptômes du TDAH, tels que la désorganisation, l'oubli et la dérégulation émotionnelle, peuvent entraîner de la frustration, une faible estime de soi et un stress chronique. Au fil du temps, ces défis peuvent contribuer à des sentiments de désespoir ou d'anxiété quant à la capacité de gérer la vie quotidienne, qui peuvent évoluer vers des problèmes de santé mentale plus graves.

- **TDAH et dépression :** Le TDAH peut augmenter le risque de dépression, car les personnes atteintes de TDAH sont souvent aux prises avec des sentiments persistants de sous-performance, d'échec ou de culpabilité en raison de leurs difficultés à répondre aux attentes. Cela peut conduire à un sentiment d'inutilité, à un retrait social et, dans certains cas, à une dépression clinique.
- **TDAH et anxiété :** L'anxiété liée au TDAH peut provenir de

difficultés de gestion du temps, d'accomplissement de tâches ou d'entretien de relations. La nature accablante de ces défis peut créer un état constant d'inquiétude ou de peur de ne pas pouvoir y faire face, conduisant à une anxiété chronique.

- **Stress chronique :** L'effet cumulatif des symptômes du TDAH, combiné aux exigences du travail, du mariage et de la vie de famille, peut entraîner un stress chronique. Ce stress peut devenir un obstacle au bien-être émotionnel et à l'intimité dans la relation.

Stratégies pour faire face à l'anxiété et à la dépression en couple

Lorsqu'un ou les deux partenaires souffrent d'anxiété ou de dépression, il est essentiel de travailler ensemble pour créer un environnement favorable. Voici quelques stratégies que les couples peuvent utiliser pour faire face à ces défis :

- **Communication ouverte :** Commencez par avoir des conversations ouvertes et honnêtes sur la santé mentale. Les deux partenaires doivent se sentir à l'aise pour partager leurs difficultés sans crainte d'être jugés. Soyez solidaire et écoutez activement, en reconnaissant que les problèmes de santé mentale ne sont pas le reflet d'un échec personnel mais font partie de l'expérience du TDAH.

- **Établissez des enregistrements de routine :** Des enregistrements émotionnels réguliers permettent aux deux partenaires d'évaluer ce qu'ils ressentent et d'identifier les premiers signes d'anxiété ou de dépression. Ces enregistrements peuvent aider à prévenir l'aggravation des problèmes de santé mentale et offrir l'occasion d'offrir un soutien en cas de besoin.

- **Participez à des activités conjointes de soulagement du stress :** Pour réduire le stress et promouvoir le bien-être mental, participez à des activités anti-stress en couple, comme faire des promenades, pratiquer le yoga ou méditer ensemble. Les activités partagées réduisent non seulement le stress, mais renforcent également le lien émotionnel et favorisent un sentiment de partenariat.

- **Pratiquez l'auto-compassion :** Encouragez-vous mutuellement à faire preuve d'auto-compassion et à éviter l'autocritique. Vivre avec le TDAH peut être difficile, et il est important de reconnaître que les revers ne sont pas des échecs mais font partie du processus. Rappelez-vous qu'il est normal de demander de l'aide et de prendre du temps pour prendre soin de soi.

- **Surveiller les déclencheurs et les modèles :** Ensemble, surveillez les déclencheurs qui peuvent aggraver l'anxiété ou la dépression. Par exemple, le manque de sommeil, une mauvaise alimentation ou un engagement excessif peuvent exacerber les symptômes. En identifiant ces déclencheurs, les couples peuvent procéder à des ajustements pour réduire leur impact.

Recherche d'aide professionnelle et de thérapie

Parfois, malgré tous vos efforts, l'anxiété, la dépression ou le stress peuvent nécessiter une intervention professionnelle. Rechercher une thérapie ou des conseils peut fournir un espace sûr pour explorer les problèmes sous-jacents, développer des stratégies d'adaptation et renforcer la relation.

- **Thérapie individuelle :** La thérapie individuelle permet à chaque partenaire de se concentrer sur ses besoins en matière de santé mentale et d'apprendre des stratégies d'adaptation adaptées à ses défis spécifiques. La thérapie cognitivo-comportementale (TCC) est une approche particulièrement efficace pour gérer le TDAH, l'anxiété et la dépression.

- **Thérapie de couple :** La thérapie de couple peut aider les partenaires à faire face aux complexités de la vie avec le TDAH et les problèmes de santé mentale. Un thérapeute qualifié peut aider les deux partenaires à améliorer la communication, à gérer les conflits et à développer des stratégies pour se soutenir mutuellement.

- **Médicament:** Pour certaines personnes, des médicaments peuvent être nécessaires pour gérer les symptômes d'anxiété, de dépression ou de TDAH. Il est important de travailler en étroite collaboration avec un professionnel de la santé pour trouver le bon plan de traitement. Une communication ouverte entre les partenaires au sujet de l'utilisation des médicaments et de leurs effets sur l'humeur et le comportement est essentielle.

Cultiver des routines de bien-être mental et de soins personnels

Le maintien du bien-être mental nécessite un engagement continu à prendre soin de soi. Voici quelques stratégies pour cultiver le bien-être mental en couple :

- **Donnez la priorité au sommeil :** Un sommeil de qualité est essentiel à la santé mentale, en particulier pour les personnes atteintes de TDAH. Établissez une routine de sommeil cohérente qui favorise un sommeil réparateur pour les deux partenaires.

- **Alimentation saine et exercice :** Une alimentation équilibrée et une activité physique régulière peuvent améliorer l'humeur et réduire le stress. Cuisinez des repas sains ensemble ou prenez le temps de faire de l'exercice en couple pour créer des objectifs de bien-être communs.

- **Pleine conscience et méditation :** Les pratiques de pleine conscience telles que la méditation ou les exercices de respiration profonde peuvent réduire le stress, améliorer la concentration et améliorer la régulation émotionnelle. L'intégration de ces pratiques dans votre routine quotidienne peut aider les deux partenaires à gérer l'anxiété et la dépression liées au TDAH.

- **Fixer des limites :** Assurez-vous que vous disposez tous les deux de temps pour vous détendre et récupérer. Fixer des limites autour du travail, des obligations sociales et du temps personnel permet à chaque partenaire de se ressourcer et d'éviter l'épuisement professionnel.

Chapitre 12 : Instaurer la confiance et réparer les dégâts

La confiance est le fondement de tout mariage sain, mais les comportements liés au TDAH peuvent parfois éroder la confiance avec le temps. L'oubli, l'impulsivité, les explosions émotionnelles ou le respect incohérent des engagements peuvent créer des malentendus, des déceptions, voire des trahisons.

Comment les comportements de TDAH peuvent éroder la confiance dans un mariage

Les comportements liés au TDAH peuvent involontairement nuire à la confiance de diverses manières :

- **Engagements manqués :** Lorsqu'un partenaire TDAH oublie ou ne tient pas ses promesses, le partenaire non TDAH peut se sentir déçu, sans importance ou négligé.
- **Impulsivité et mauvais jugement :** Les décisions impulsives, comme dépenser trop ou agir sans tenir compte des conséquences, peuvent créer un sentiment de trahison, surtout si elles affectent le bien-être financier ou émotionnel du couple.
- **Dysrégulation émotionnelle :** Les explosions émotionnelles ou les sautes d'humeur liées au TDAH peuvent blesser le partenaire non

atteint de TDAH, créant un sentiment d'instabilité et d'insécurité dans la relation.

- **Incohérence:** Un comportement incohérent, tel que des niveaux d'engagement ou d'attention fluctuants, peut laisser le partenaire non atteint de TDAH incertain quant à la fiabilité et à l'engagement de son partenaire.

Étapes pour rétablir la confiance après des malentendus ou des trahisons

Reconstruire la confiance demande du temps, des efforts et de la patience de la part des deux partenaires. Voici les étapes clés pour rétablir la confiance dans un mariage atteint de TDAH :

- **Reconnaître l'impact :** Les deux partenaires doivent reconnaître ouvertement les comportements ou les actions qui ont porté atteinte à la confiance en premier lieu. Cela implique une communication honnête sur la façon dont ces comportements ont affecté la relation et la validation des sentiments de chacun.

- **Assumer la responsabilité :** Le partenaire TDAH doit assumer la responsabilité de ses actes et montrer son engagement à améliorer les comportements qui ont causé du tort. Cette étape est cruciale pour démontrer la responsabilité et la volonté de changement.

- **Présenter de véritables excuses :** S'excuser sincèrement est une étape essentielle pour rétablir la confiance. Le partenaire TDAH doit reconnaître le mal qu'il a causé et exprimer un véritable désir de réparer.

- **Établir des limites et des attentes :** Pour rétablir la confiance, il faut fixer des limites et des attentes claires pour l'avenir.

Les deux partenaires doivent se mettre d'accord sur les comportements acceptables et sur la manière dont ils travaillent ensemble pour prévenir de futurs abus de confiance.

Développer la transparence et la responsabilité

La transparence et la responsabilité sont essentielles pour rétablir la confiance dans un mariage atteint de TDAH. Voici comment les couples peuvent mettre en œuvre ces principes :

- **Communication ouverte :** Une communication régulière et ouverte sur les sentiments, les préoccupations et les attentes aide les deux partenaires à rester alignés et à éviter les malentendus.
- **Tenir ses promesses :** Le partenaire TDAH doit faire un effort conscient pour respecter ses engagements. L'utilisation d'outils tels que des

rappels, des alarmes ou des listes de tâches peut contribuer à garantir que les promesses sont tenues.

- **Créer des systèmes de responsabilisation :** La mise en œuvre de systèmes de responsabilisation, tels que des calendriers partagés ou des enregistrements réguliers, peut aider les deux partenaires à rester sur la bonne voie dans l'exercice de leurs responsabilités. Ces systèmes garantissent que les tâches sont accomplies et que les engagements sont honorés.

- **Soyez honnête à propos des luttes :** Si le partenaire TDAH a du mal à respecter un engagement, il est important d'être honnête avec son conjoint plutôt que de cacher la difficulté. Discuter ouvertement des défis peut éviter de nouveaux abus de confiance et permettre aux deux partenaires de résoudre les problèmes ensemble.

Renforcer le lien émotionnel pour renforcer la confiance

Rétablir la confiance ne consiste pas seulement à résoudre les problèmes du passé, il s'agit également de renforcer le lien émotionnel à l'avenir. En renforçant le lien émotionnel, les couples peuvent créer une relation plus résiliente où la confiance s'épanouit naturellement.

- **Passez du temps de qualité ensemble :** S'engager ensemble dans des activités significatives aide à reconstruire l'intimité émotionnelle. Qu'il s'agisse de rendez-vous amoureux, d'avoir des conversations approfondies ou de participer à des passe-temps, le temps de qualité favorise la proximité et renforce la confiance.
- **Pratiquez le pardon :** Pour rétablir la confiance, il faut pardonner les

erreurs passées. Les deux partenaires doivent s'efforcer d'abandonner le ressentiment et de se concentrer sur l'avenir de la relation. Le pardon ne signifie pas oublier, mais cela signifie laisser un espace pour la croissance et le changement.

- **Célébrez le progrès :** Reconnaissez et célébrez les petites victoires et les améliorations de votre relation. Reconnaître les changements positifs renforce l'idée que la confiance peut être rétablie et que la relation évolue dans la bonne direction.

Chapitre 13 : Langages de l'amour : combler le fossé grâce à la compréhension

Chaque relation se nourrit de l'expression de l'amour, mais lorsque le TDAH est impliqué, communiquer son affection d'une manière qui trouve un écho chez les deux partenaires peut s'avérer difficile. Mots d'affirmation, actes de service, réception de cadeaux, temps de qualité et contact physique – et comment ils se déroulent dans un mariage TDAH.

Explorer les langages de l'amour dans un mariage TDAH

Le concept des langages de l'amour donne un aperçu de la manière dont les individus préfèrent donner et recevoir de l'amour. Dans les mariages où le TDAH est un facteur, identifier et comprendre le langage amoureux de chacun peut aider à atténuer les malentendus et à favoriser un lien émotionnel plus profond.

- **Mots d'affirmation :** Les personnes qui apprécient les mots d'affirmation se sentent plus aimées lorsqu'elles entendent des expressions verbales d'appréciation, d'encouragement ou d'amour. Cependant, dans un mariage atteint de TDAH, le partenaire atteint de TDAH peut avoir du mal à exprimer clairement ses pensées ou oublier de proposer des mots d'affirmation de manière cohérente. Cela peut conduire à des sentiments de négligence ou d'insécurité chez le partenaire non atteint de TDAH. Développer des stratégies pour communiquer régulièrement son appréciation verbale peut aider à combler cet écart.

- **Actes de service :** Pour certains, les actions sont plus éloquentes que les mots, et ils se sentent plus aimés lorsque leur partenaire accomplit des tâches ou des corvées utiles.

Cependant, le TDAH peut compliquer cette dynamique, car le partenaire TDAH peut être aux prises avec un dysfonctionnement exécutif, ce qui affecte sa capacité à s'acquitter des tâches ou des responsabilités ménagères. Résoudre ce décalage nécessite de la patience et des solutions créatives qui permettent aux deux partenaires de se sentir soutenus.

- **Recevoir des cadeaux :** Les partenaires qui apprécient recevoir des cadeaux voient les marques d'affection comme des rappels tangibles de l'amour. L'impulsivité, un trait courant du TDAH, peut conduire à des cadeaux spontanés et imprévus, qui peuvent ravir un partenaire qui apprécie ce langage de l'amour. Cependant, des dépenses impulsives sans intention réfléchie peuvent se retourner contre vous. Il est essentiel de trouver un équilibre entre offrir des cadeaux réfléchis et gérer les comportements impulsifs.

- **Temps de qualité :** Le temps de qualité consiste à être pleinement présent avec votre partenaire et à lui accorder toute votre attention. Dans un mariage TDAH, les distractions, l'hyper concentration ou l'incapacité de rester présent peuvent créer des tensions si l'un des partenaires se sent ignoré ou négligé. Une planification intentionnelle et une minimisation des distractions pendant les activités partagées peuvent garantir que les deux partenaires se sentent connectés.

- **Toucher physique :** Certaines personnes se sentent plus aimées par le contact physique, comme des câlins, des baisers ou se tenir la main. Les symptômes liés au TDAH, comme l'agitation ou l'inconfort lié à un contact physique prolongé, peuvent interférer avec cette forme d'affection. Comprendre et respecter les besoins de chaque partenaire tout en trouvant des compromis en matière de proximité physique peut améliorer l'intimité.

Comment le TDAH affecte l'expression de l'amour et de l'affection

Le TDAH peut affecter la façon dont l'amour et l'affection sont exprimés et reçus dans un mariage. Les défis courants liés au TDAH, tels que l'oubli, la distraction et la dérégulation émotionnelle, peuvent amener le partenaire TDAH à avoir du mal à répondre aux besoins émotionnels de son partenaire. Voici quelques façons dont le TDAH peut avoir un impact sur les langages amoureux :

- **Incohérence:** Un partenaire TDAH peut montrer de l'amour et de l'affection un jour, mais oublié ou ne pas le faire le lendemain, entraînant des sentiments d'incohérence et de confusion pour le partenaire non TDAH.

- **Hyperconcentration et négligence :** Bien que l'hyper concentration puisse parfois conduire à des manifestations intenses d'affection ou d'attention, elle peut également amener le partenaire TDAH à être tellement absorbé par une tâche ou une activité qu'il néglige volontairement les besoins de son partenaire.

- **Explosions émotionnelles :** La dérégulation émotionnelle associée au TDAH peut entraîner des crises de colère ou des sautes d'humeur, ce qui peut nuire à la relation et amener le partenaire non atteint de TDAH à se sentir mal aimé ou apprécié.

Apprendre à communiquer l'amour d'une manière qui résonne avec votre partenaire

Pour combler le fossé et garantir que les deux partenaires se sentent aimés, les couples doivent apprendre à communiquer leur amour d'une manière qui résonne l'un avec l'autre. Voici comment procéder :

- **Identifiez les langages d'amour de chacun :** Ayez une conversation ouverte sur vos langues d'amour primaires et secondaires. Comprendre comment votre partenaire préfère recevoir de l'amour est la première étape pour combler le fossé.

- **Pratiquez la pleine conscience dans l'affection :** Encouragez le partenaire TDAH à être attentif à la façon dont il exprime son amour. Cela peut impliquer de définir des rappels pour dire quelque chose de gentil, de planifier des actes de service intentionnels ou de planifier du temps de qualité pour garantir que ces besoins sont satisfaits de manière cohérente.

- **Fixez des attentes réalistes :** Soyez réaliste quant à ce que chaque partenaire peut apporter et communiquez ouvertement sur ses attentes. Le partenaire non atteint de TDAH devra peut-être ajuster ses attentes pour répondre aux défis du partenaire TDAH, tandis que le partenaire TDAH travaille sur des stratégies pour répondre aux besoins de son conjoint.

- **Créez un plan d'action pour le langage de l'amour :** Élaborez un plan qui intègre les langages d'amour de chacun dans la vie quotidienne. Cela peut inclure la définition de rappels, la planification d'heures spécifiques pour passer du temps de qualité ou le suivi de gestes réfléchis qui trouvent un écho auprès de votre partenaire.

Intégrer les langages de l'amour dans la vie quotidienne

Intégrer des langages d'amour dans votre routine quotidienne ne doit pas être compliqué. Voici quelques idées pratiques :

- **Pour les mots d'affirmation :** Prévoyez du temps chaque jour pour envoyer un SMS ou laisser une note exprimant votre amour ou votre appréciation pour votre partenaire.
- **Pour les actes de service :** Proposez de prendre en charge une corvée ou une tâche que votre partenaire n'aime pas. De petits actes de service cohérents peuvent grandement contribuer à montrer de l'amour.
- **Pour recevoir des cadeaux :** Sélectionnez judicieusement de

petits cadeaux significatifs pour votre partenaire, comme sa collation préférée ou une carte manuscrite sincère.

- **Pour du temps de qualité :** Planifiez des soirées en amoureux régulières ou créez un rituel quotidien, comme prendre un café ensemble le matin, où vous pourrez vous connecter sans distractions.

- **Pour le toucher physique :** Privilégiez l'affection physique tout au long de la journée, même si c'est aussi simple qu'un câlin avant de partir au travail ou se tenir la main lors d'une promenade.

Chapitre 14 : Dysfonctionnement exécutif et responsabilités familiales

Le dysfonctionnement exécutif, symptôme central du TDAH, peut avoir un impact significatif sur la capacité à gérer les responsabilités ménagères. Le dysfonctionnement exécutif affecte la planification, l'organisation, le lancement de tâches et le respect des engagements, ce qui peut entraîner frustration et conflits dans un mariage.

Comprendre le dysfonctionnement exécutif et son impact sur les tâches ménagères

Le dysfonctionnement exécutif altère la capacité d'une personne à gérer des tâches qui nécessitent de l'organisation, une gestion du temps et une concentration soutenue. Pour les personnes atteintes de TDAH, cela peut rendre les tâches ménagères de routine écrasantes, entraînant procrastination, désordre et tensions entre partenaires.

- **Difficulté à lancer des tâches :** Les partenaires atteints de TDAH peuvent avoir du mal à se lancer dans les tâches ménagères, même s'ils savent ce qui doit être fait. Cela peut entraîner des retards ou des tâches inachevées, frustrant le partenaire non atteint de TDAH.

- **Mauvaise gestion du temps :** Les tâches peuvent prendre plus de temps à accomplir en raison de la difficulté à gérer le temps et à rester concentré. Les partenaires atteints de TDAH peuvent se laisser facilement distraire et passer d'une tâche à une autre sans en terminer aucune.

- **Manque d'organisation :** Maintenir une maison organisée peut être un défi pour les personnes atteintes de TDAH. Ils peuvent avoir du mal à créer des systèmes pour suivre les articles ménagers ou accomplir des tâches, ce qui entraîne un encombrement et une désorganisation.

- **Oubli** : Oublier les tâches ménagères, les rendez-vous ou les responsabilités ménagères est courant chez les personnes atteintes de TDAH. Cela peut créer des tensions si le partenaire non atteint de TDAH a l'impression de porter une plus grande charge.

Solutions pratiques pour partager les responsabilités à la maison

Malgré les défis liés au dysfonctionnement exécutif, il existe des stratégies pratiques que les couples peuvent mettre en œuvre pour partager plus efficacement les responsabilités ménagères :

- **Créez des listes de tâches claires :** Développez des listes de tâches détaillées qui divisent les tâches plus importantes en étapes plus petites et gérables. Par exemple, au lieu d'écrire « nettoyer la cuisine », décomposer-le en étapes telles que « laver la vaisselle », « essuyer les comptoirs » et « sortir les poubelles ».

- **Utilisez des rappels visuels et des minuteries :** Des rappels visuels, tels que des notes autocollantes ou des tableaux de tâches, peuvent aider le partenaire TDAH à rester maître de ses responsabilités. Les minuteries peuvent également être utiles pour diviser les tâches en intervalles chronométrés, éviter les distractions et garantir la progression.

- **Établissez une routine :** Développer une routine domestique cohérente peut permettre au partenaire TDAH d'anticiper et d'accomplir plus facilement les tâches. Les tâches régulières, comme « passer l'aspirateur tous les samedis matins », peuvent devenir des habitudes au fil du temps, réduisant ainsi le besoin de rappels constants.

- **Rotation des tâches :** Alternez les tâches ménagères afin que les deux partenaires partagent les responsabilités. Cela peut empêcher un partenaire de se sentir dépassé et garantir que le partenaire TDAH a des tâches claires et définies dont il est responsable.

Établir des rôles et des attentes clairs

Une communication claire sur les rôles et les attentes du ménage est essentielle dans un mariage atteint de TDAH. Voici comment les établir efficacement :

- **Discutez des points forts et des préférences :** Parlez ouvertement des forces et des préférences de chaque partenaire en matière de tâches ménagères. Par exemple, le partenaire TDAH peut exceller dans les tâches qui nécessitent de la créativité mais avoir des difficultés avec les tâches répétitives. Attribuez les responsabilités en fonction des points forts lorsque cela est possible.

- **Définissez des attentes claires :** Les deux partenaires doivent avoir une compréhension claire de ce que l'on attend d'eux. Par exemple, si l'un des partenaires est responsable de la préparation du dîner, l'autre pourrait être responsable du nettoyage. Définir ces attentes aide à réduire la frustration et le ressentiment.

- **Autoriser la flexibilité :** Même si les rôles et les attentes sont importants, il est tout aussi important de permettre une certaine flexibilité. Le partenaire TDAH peut avoir besoin de plus de temps pour accomplir ses tâches ou avoir besoin de rappels. Être flexible et compréhensif peut aider à réduire les tensions.

Naviguer dans la frustration et créer des systèmes de soutien

Les responsabilités ménagères peuvent être une source de frustration, en particulier lorsque le dysfonctionnement exécutif rend difficile la contribution constante du partenaire TDAH. Voici des stratégies pour surmonter la frustration et créer des systèmes de soutien :

- **Utilisez le renforcement positif :** Encouragez et félicitez le partenaire TDAH pour avoir accompli des tâches, même les plus petites. Renforcement positif et motivé le partenaire TDAH à continuer de contribuer au ménage. Se concentrer sur le progrès plutôt que sur la perfection favorise un environnement positif dans lequel les deux partenaires se sentent appréciés pour leurs efforts.

- **Divisez les tâches en morceaux gérables :** Si le partenaire TDAH se sent dépassé par des tâches volumineuses, divisez-les en morceaux plus petits et plus faciles à gérer. Par exemple, au lieu de vous attaquer à tout le salon d'un seul coup, commencez par débarrasser la table basse ou passer l'aspirateur sur une seule partie de la pièce. Mieux vaut progresser que rien du tout.

- **Déléguer et collaborer :** Lorsque les tâches vous semblent insurmontables, collaborez plutôt que de tout déléguer à un seul partenaire. S'attaquer aux tâches ensemble, même pour de courtes périodes, peut alléger le fardeau et permettre au partenaire TDAH de se sentir soutenu.

- **Pratiquez la patience et la compassion :** Les deux partenaires doivent aborder les responsabilités ménagères avec patience et compassion. Comprenez que le TDAH peut rendre même des tâches simples plus difficiles. Le partenaire non atteint de TDAH peut bénéficier de se rappeler que le dysfonctionnement exécutif n'est pas un choix, et le partenaire TDAH peut reconnaître l'impact de son comportement sur le foyer.

- **Tirer parti de la technologie et des outils :** Utilisez des applications et des outils qui peuvent vous aider à vous organiser, à vous rappeler et à gérer vos tâches. Des applications comme Todoist, Trello ou Time Timer peuvent aider le partenaire TDAH à rester organisé et responsable.

- **Enregistrements réguliers :** Organisez des enregistrements réguliers pour examiner les responsabilités du ménage et les ajuster si nécessaire. Une communication ouverte permet aux deux partenaires d'exprimer leurs préoccupations, d'identifier les défis et de célébrer les réussites dans la gestion des tâches ménagères.

Chapitre 15 : Limites et TDAH : Fixer des limites saines dans le mariage

Les limites sont cruciales dans tout mariage, mais elles deviennent encore plus importantes dans les relations où le TDAH est un facteur. Des limites saines aident à protéger le bien-être émotionnel des deux partenaires tout en garantissant que les besoins de chacun sont satisfaits. Lorsque les comportements du TDAH, tels que l'impulsivité, la distraction ou l'oubli, créent du stress ou des tensions dans la relation, les limites fournissent un cadre pour maintenir l'équilibre et le respect.

L'importance des limites dans une relation avec le TDAH

Dans les mariages atteints de TDAH, les limites servent de mesure de protection pour les deux partenaires. Ils aident à définir l'espace personnel, les limites émotionnelles et les attentes de chaque partenaire concernant la relation. Sans limites claires, les comportements liés au TDAH peuvent par inadvertance porter atteinte au sentiment de sécurité du partenaire non atteint de TDAH, entraînant des sentiments d'accablement, de frustration ou de ressentiment.

- **Les limites préservent la santé émotionnelle :** Établir des limites aide à prévenir l'épuisement émotionnel en garantissant que chaque partenaire respecte les limites de l'autre. Cela peut inclure n'importe quoi, depuis la fixation de limites au travail et au temps personnel jusqu'à la définition de limites émotionnelles lors de disputes houleuses.
- **Les limites favorisent le respect :** Les limites sont une question de respect mutuel. Ils empêchent les problèmes liés au TDAH, tels que l'impulsivité ou l'hyper concentration, de pénétrer dans des domaines susceptibles de nuire à la

relation. Par exemple, fixer des limites concernant les habitudes de dépenses ou la gestion du temps garantit que les deux partenaires se sentent respectés et valorisés.

- **Les limites encouragent la responsabilité personnelle :** Dans les mariages atteints de TDAH, les limites encouragent les deux partenaires à assumer la responsabilité personnelle de leurs actions et de leur comportement. Des attentes claires concernant les tâches ménagères, les finances et les besoins émotionnels aident le partenaire TDAH à rester responsable tout en permettant au partenaire non TDAH de défendre ses propres besoins.

Comment communiquer, appliquer et respecter les limites

Fixer et faire respecter des limites dans un mariage atteint de TDAH nécessite une communication ouverte, une compréhension mutuelle et une cohérence. Voici comment le faire efficacement :

- **Identifiez les domaines clés pour les limites :** Commencez par identifier les domaines de votre relation où les limites sont les plus nécessaires. Ceux-ci peuvent inclure la gestion du temps, l'espace personnel, les finances ou les styles de communication pendant un conflit. Les deux partenaires devraient discuter de ce dont ils ont besoin l'un de l'autre dans ces domaines.
- **Utilisez une communication claire et compatissante :** Les limites doivent être communiquées clairement et avec compassion.

Évitez d'utiliser un langage accusateur ou de blâmer. Au lieu de cela, exprimez vos besoins d'une manière qui invite à la compréhension. Par exemple, dites : « Je me sens dépassé lorsque nous prenons des décisions de dernière minute. Pouvons-nous accepter de planifier les choses au moins un jour à l'avance ?

- **Fixez des limites réalistes et flexibles :** Les limites doivent être réalistes et tenir compte des défis du TDAH. Soyez flexible et comprenez que le partenaire TDAH peut parfois avoir du mal à répondre à certaines attentes. Créez des limites fermes mais non rigides, permettant le compromis et la croissance.

- **Appliquer les limites de manière cohérente :** Une fois les limites fixées, les deux partenaires doivent systématiquement les faire respecter. Cela signifie rappeler gentiment mais fermement à votre partenaire lorsqu'une frontière est franchie et réitérer son importance. La cohérence aide à établir la confiance et le respect des limites au fil du temps.

- **Respectez les limites de votre partenaire :** Il est tout aussi important de respecter les limites fixées par votre partenaire. Les deux partenaires doivent s'engager à respecter les limites de chacun, même lorsque les symptômes du TDAH peuvent rendre la tâche difficile.

Équilibrer l'indépendance et la convivialité

Dans un mariage atteint de TDAH, concilier indépendance et unité peut être un acte délicat. Même si vous souhaitez passer du temps de qualité ensemble, il est tout aussi important de conserver votre indépendance personnelle, ce qui permet d'éviter la codépendance ou l'épuisement émotionnel.

- **Encourager l'autonomie :** Les deux partenaires devraient avoir du temps pour leurs propres intérêts, leurs passe-temps et leurs soins personnels. Ceci est particulièrement important pour le partenaire non atteint de TDAH, qui peut avoir besoin de temps pour se ressourcer, loin des exigences liées à la gestion des défis liés au TDAH dans la relation.
- **Planifiez du temps de qualité ensemble :** Équilibrez l'autonomie avec la convivialité intentionnelle. Prévoyez régulièrement du temps pour des activités qui renforcent votre lien, qu'il s'agisse de rendez-vous amoureux, de promenades ou simplement de profiter d'une soirée tranquille ensemble.

- **Utilisez des limites pour maintenir l'équilibre :** Les limites entre le temps passé seul et le temps passé ensemble peuvent aider à créer cet équilibre. Par exemple, le partenaire TDAH peut avoir besoin de limites autour du travail ou des loisirs pour s'assurer qu'il ne néglige pas la relation, tandis que le partenaire non TDAH peut fixer des limites pour protéger son temps personnel.

Protéger la relation du burn-out

Le TDAH peut augmenter le risque d'épuisement relationnel, en particulier pour le partenaire non atteint de TDAH qui peut assumer un rôle plus important. Fixer des limites autour de l'énergie émotionnelle et physique peut aider à protéger la relation de l'épuisement professionnel et à garder les deux partenaires engagés et épanouis.

- **Fixez des limites à la garde :** Bien qu'il soit naturel de vouloir soutenir votre partenaire, le partenaire non atteint de TDAH doit éviter de devenir un soignant à temps plein. Les limites autour du partage des responsabilités, du temps et de l'énergie peuvent aider à empêcher que la prise en charge ne devienne un rôle épuisant.

- **Donnez la priorité aux soins personnels des deux partenaires :** Encouragez les deux partenaires à s'engager dans des pratiques de soins personnels qui reconstituent leurs réserves émotionnelles. Cela peut inclure des passe-temps, de l'exercice, une thérapie ou du temps passé avec des amis. En prenant soin de vous, vous aurez tous les deux plus d'énergie à investir dans la relation.

Chapitre 16 : Se soutenir mutuellement : devenir coéquipiers

Le mariage est un partenariat, et dans un mariage atteint de TDAH, il est essentiel que les deux partenaires se sentent soutenus et connectés. Cependant, apporter un soutien sans tomber dans le rôle de gardien peut s'avérer difficile.

Comment soutenir un partenaire TDAH sans devenir un soignant

Soutenir un partenaire atteint de TDAH nécessite un équilibre délicat. S'il est important d'apporter un soutien émotionnel et pratique, il est tout aussi essentiel d'éviter de devenir un gardien, ce qui peut entraîner déséquilibre et ressentiment. Voici comment trouver cet équilibre :

- **Donnez du pouvoir à votre partenaire TDAH :** Concentrez-vous sur l'autonomisation de votre partenaire pour qu'il assume la responsabilité de la gestion de ses symptômes de TDAH. Encouragez-les à utiliser des outils, des applications ou une thérapie pour gérer leur temps, leurs tâches et leurs émotions. Offrir du soutien ne consiste pas à tout faire à leur place, mais plutôt à les aider à acquérir les compétences dont ils ont besoin pour s'épanouir de manière indépendante.

- **Fixez des limites claires autour de la garde :** Définissez où se termine le soutien et où commence la garde. Par exemple, vous pouvez rappeler à votre partenaire un rendez-vous important, mais ce n'est pas à vous de gérer chaque détail de sa journée. Fixez des limites qui protègent votre temps et votre énergie.

- **Encouragez la résolution de problèmes ensemble :** Lorsque des défis surviennent, travaillez ensemble pour trouver des solutions au lieu de vous attaquer au problème. Encouragez votre partenaire TDAH à participer activement à la résolution des problèmes, qu'il s'agisse de la gestion des finances, de la parentalité ou de l'organisation du ménage.

- **Célébrez leurs efforts et leurs réalisations :** Offrez des encouragements et célébrez les réussites de votre partenaire, aussi petites soient-elles. Reconnaître leurs progrès contribue à renforcer la confiance et à renforcer vos liens en équipe.

Construire des systèmes de soutien mutuel

Les mariages solides reposent sur un soutien mutuel, dans lequel les deux partenaires se sentent soutenus et encouragés l'un par l'autre. Voici quelques façons de créer un système de soutien au sein de votre mariage :

- **Favoriser une communication ouverte :** Créez un espace sûr pour une communication ouverte, où les deux partenaires peuvent exprimer leurs besoins, leurs frustrations et leurs désirs. Des enregistrements réguliers permettent de garantir que chaque personne se sente entendue et comprise.

- **Partager les responsabilités de manière égale :** Même si le TDAH peut nécessiter certains aménagements, les deux partenaires doivent contribuer à la relation et au foyer. La répartition équitable des responsabilités évite à l'un des partenaires de se sentir surchargé et garantit que le partenaire TDAH reste un contributeur actif.

- **Construisez ensemble un réseau de soutien :** Encouragez les deux partenaires à développer un réseau de soutien plus large en dehors du mariage, que ce soit par l'intermédiaire d'amis, de famille ou de groupes de soutien. Avoir un réseau aide à soulager la pression sur le mariage pour répondre à tous les besoins émotionnels.

Cultiver l'empathie, la patience et l'encouragement

Le TDAH peut parfois entraîner des malentendus, de la frustration et une distance émotionnelle. Cultiver l'empathie, la patience et l'encouragement aide à construire une base émotionnelle solide pour la relation.

- **Pratiquer l'empathie :** Essayez de voir les choses du point de vue de votre partenaire. Comprenez que le

TDAH est une maladie neurologique qui affecte la façon dont ils traitent les informations et les émotions. Pratiquer l'empathie vous permet d'aborder les défis avec plus de compréhension et moins de frustration.

- **Soyez patients les uns envers les autres :** La patience est essentielle dans un mariage TDAH. Il y aura des revers et des défis, mais en restant patient et en vous concentrant sur la santé à long terme de la relation, vous pourrez surmonter ces obstacles ensemble.

- **Encouragez-vous mutuellement à grandir :** Les deux partenaires devraient être les plus grands soutiens l'un de l'autre. Offrez des encouragements pour la croissance personnelle, qu'il s'agisse d'apprendre de nouvelles stratégies d'adaptation au TDAH, de poursuivre des objectifs personnels ou d'atteindre des étapes importantes dans votre vie commune.

Célébrer ensemble les succès et les petites victoires

Dans un mariage atteint de TDAH, il est important de célébrer les victoires, grandes et petites. Le succès peut sembler différent lorsque le TDAH est impliqué, mais reconnaître les progrès et la croissance renforce votre lien et maintient la relation positive.

- **Reconnaissez les victoires :** Prenez le temps de célébrer vos réalisations en couple. Cela peut être aussi simple que de réussir à respecter une routine pendant une semaine ou de résoudre un conflit sans dégénérer. Célébrer ces victoires permet de se concentrer sur les progrès plutôt que sur les défis.
- **Créez des rituels pour la célébration :** Développez des

rituels pour célébrer les réussites, qu'il s'agisse d'un rendez-vous en amoureux après avoir atteint un objectif ou simplement de partager des mots d'appréciation à la fin de la journée. Ces moments renforcent votre connexion et vous rappellent à tous les deux la joie de votre relation.

- **Regardez la situation dans son ensemble :** Lorsque des défis surviennent, n'oubliez pas de prendre du recul et de réfléchir au chemin parcouru. Le voyage dans un mariage atteint de TDAH est un parcours de croissance continue, et en vous concentrant sur vos victoires communes, vous pouvez renforcer votre partenariat et votre résilience.

Chapitre 17 : TDAH et dépendance : gérer l'impulsivité et les comportements compulsifs

Le TDAH et la dépendance vont souvent de pair en raison de l'impulsivité, du comportement de recherche de récompense et des difficultés d'autorégulation qui sont courants avec le TDAH. Qu'il s'agisse de toxicomanie, de jeu, de shopping ou même d'utilisation d'Internet, la dépendance peut avoir un impact profond sur les individus et sur leur mariage.

Comprendre le lien entre le TDAH et la dépendance

La recherche montre que les personnes atteintes de TDAH sont plus sujettes à des comportements addictifs que la population générale. Cette vulnérabilité découle des caractéristiques fondamentales du TDAH, notamment l'impulsivité, le besoin de gratification immédiate et la difficulté à retarder les récompenses. Le système de récompense du cerveau peut être sous-actif chez les personnes atteintes de TDAH, ce qui les amène à rechercher une stimulation externe par le biais de substances ou de comportements qui fournissent une dose rapide de dopamine.

- **Impulsivité et prise de risque :** Les personnes atteintes de TDAH peuvent adopter des comportements impulsifs ou à risque sans pleinement considérer les conséquences à long terme. Cette impulsivité augmente la probabilité d'expérimenter des substances ou des comportements addictifs, qui peuvent rapidement dégénérer en dépendance.

- **Automédication :** Certaines personnes atteintes de TDAH se tournent vers des substances comme l'alcool, les drogues ou des comportements compulsifs pour traiter elles-mêmes leurs symptômes. Les substances peuvent sembler soulager l'hyperactivité, l'anxiété ou l'agitation, mais entraînent souvent d'autres problèmes.

- **Conditions concomitantes :** De nombreuses personnes atteintes de TDAH souffrent également de problèmes de santé mentale concomitants tels que l'anxiété ou la dépression. Ces conditions peuvent encore exacerber le risque de dépendance, car les individus peuvent utiliser des substances ou adopter des comportements pour faire face à une détresse émotionnelle.

Identifier et traiter les comportements addictifs

La détection précoce des comportements addictifs est essentielle pour prévenir des problèmes plus graves à l'avenir. Dans un mariage TDAH, les deux partenaires doivent être conscients des signes avant-coureurs de la dépendance et être prêts à intervenir si nécessaire.

- **Reconnaître les signes de dépendance :** Surveillez les changements de comportement qui pourraient indiquer une dépendance, comme un secret accru, des sautes d'humeur, un retrait des activités sociales ou une préoccupation pour certaines substances ou activités. Les décisions impulsives qui affectent négativement les finances, les relations ou la santé peuvent également être un signal d'alarme.
- **Communiquer ses préoccupations sans jugement :** Si vous pensez que votre partenaire est aux prises avec des comportements addictifs, abordez la conversation avec prudence et sans jugement. Utilisez

des déclarations « je » pour exprimer votre inquiétude quant à leur bien-être et à l'impact de leur comportement sur la relation. Par exemple, « Je m'inquiète de la quantité d'alcool que vous avez bu ces derniers temps et de la façon dont cela affecte votre santé. »

- **Encourager l'aide professionnelle :** Encouragez votre partenaire à demander l'aide professionnelle d'un thérapeute ou d'un spécialiste de la toxicomanie. Le traitement peut inclure une thérapie, des groupes de soutien, des médicaments ou une combinaison de ces approches, selon la nature et la gravité de la dépendance.

Stratégies pour gérer l'impulsivité et prévenir la dépendance

La prévention de la dépendance dans les mariages atteints de TDAH implique des stratégies proactives pour gérer l'impulsivité et établir des mécanismes d'adaptation sains.

- **Pleine conscience et contrôle des impulsions :** Les pratiques de pleine conscience peuvent aider les personnes atteintes de TDAH à devenir plus conscientes de leurs impulsions et à prendre des décisions plus réfléchies. Des techniques telles que la respiration profonde, la méditation et les exercices de mise à la terre peuvent aider à réduire l'envie d'agir de manière impulsive.
- **Fixer des limites aux comportements à risque :** Établissez des limites claires autour des activités potentiellement addictives, comme limiter la consommation d'alcool, éviter les jeux de hasard ou limiter le temps passé sur certains sites Web. Les deux partenaires doivent se mettre

d'accord sur ces limites et se tenir mutuellement responsables.

- **Développer des mécanismes d'adaptation sains :** Encouragez l'utilisation de stratégies d'adaptation saines, telles que l'exercice, les activités créatives ou les passe-temps, pour gérer le stress et les déclencheurs émotionnels. Remplacer les comportements addictifs par des activités positives peut réduire le risque de rechute.

- **Construire un réseau de soutien :** Un réseau de soutien solide est essentiel pour prévenir la dépendance. Encouragez les deux partenaires à établir des liens avec des amis, de la famille ou des groupes de soutien qui comprennent les défis du TDAH et de la dépendance. Ces relations fournissent responsabilité et encouragement dans les moments difficiles.

Soutenir votre partenaire dans son parcours de rétablissement

Si votre partenaire est aux prises avec une dépendance, il est important de lui offrir du soutien sans permettre son comportement. Le rétablissement est un processus long et difficile, et avoir un partenaire qui vous soutient peut faire toute la différence.

- **Soyez patient et compatissant :** Se remettre d'une dépendance prend du temps et implique souvent des revers. Faites preuve de patience et de compassion, en comprenant que votre partenaire travaille dur pour surmonter un défi difficile.
- **Encourager le traitement et les soins personnels :** Soutenez le rétablissement de votre partenaire en l'encourageant à suivre une thérapie, des groupes de soutien ou des programmes de traitement.

Dans le même temps, donnez la priorité aux soins personnels, en vous assurant que vous disposez des ressources émotionnelles et physiques nécessaires pour soutenir votre partenaire sans vous laisser submerger.

- **Célébrez les jalons ensemble :** Le rétablissement est un voyage de petites victoires. Célébrez ensemble des étapes importantes, qu'il s'agisse d'une semaine de sobriété, d'une séance de thérapie réussie ou du développement d'une nouvelle habitude saine. Reconnaître les progrès renforce le changement positif et renforce votre lien.

Chapitre 18 : Le pouvoir de la thérapie et du coaching

La thérapie et le coaching peuvent être des outils précieux pour les couples confrontés aux complexités du TDAH dans le mariage. Qu'il s'agisse d'améliorer la communication ou de résoudre des problèmes profondément enracinés comme la confiance et la régulation émotionnelle, les conseils professionnels peuvent aider les couples à trouver de nouvelles façons de s'épanouir ensemble.

Les avantages de la thérapie et du coaching dans les mariages atteints de TDAH

La thérapie et le coaching offrent un environnement sûr et structuré permettant aux couples de relever leurs défis et d'œuvrer vers une dynamique plus saine. Pour les mariages atteints de TDAH, les avantages peuvent être profonds :

- **Communication améliorée :** Les thérapeutes et les coachs aident les couples à développer des stratégies de communication plus efficaces, en leur apprenant à exprimer leurs besoins, à écouter activement et à éviter les pièges courants comme le blâme et la défensive.

- **Comprendre le TDAH ensemble :** La thérapie offre aux deux partenaires un espace pour approfondir leur compréhension de la manière dont le TDAH affecte leur relation. Cette prise de conscience accrue permet plus d'empathie et moins de frustration, à mesure que les deux partenaires apprennent ensemble à gérer les symptômes du TDAH.

- **Relever les défis émotionnels et comportementaux :** Les thérapeutes peuvent aider les couples à relever des défis émotionnels tels que les problèmes de confiance, l'anxiété ou le ressentiment, tandis que les coachs se concentrent sur le développement de compétences pratiques telles que la gestion du temps, l'organisation et l'établissement d'objectifs. Ensemble, ils proposent une approche holistique de la gestion du TDAH dans le mariage.

- **Renforcer le lien émotionnel :** La thérapie aide les couples à reconstruire leur intimité émotionnelle en abordant les problèmes sous-jacents qui ont pu conduire à la déconnexion ou au ressentiment. Les couples apprennent à se reconnecter, à réparer leurs liens et à construire des bases plus solides pour leur avenir.

Comment trouver le bon thérapeute ou coach pour votre relation

Trouver le bon thérapeute ou coach pour votre relation est une étape cruciale de votre parcours.

Voici quelques conseils pour choisir la meilleure solution :

- **Recherchez une expertise sur le TDAH :** Tous les thérapeutes ou coachs ne sont pas familiers avec le TDAH, il est donc important de trouver quelqu'un qui a de l'expérience avec des couples atteints de TDAH. Interrogez les thérapeutes potentiels sur leur formation, leur expérience et leur approche du TDAH.
- **Tenez compte de vos besoins spécifiques :** En fonction de vos défis, vous pourrez bénéficier davantage d'une thérapie, axée sur les problématiques émotionnelles et relationnelles, ou d'un coaching, qui propose des outils pratiques pour gérer la vie quotidienne avec le TDAH. Certains couples peuvent bénéficier d'une combinaison des deux.

- **Évaluer la compatibilité :** La relation entre vous et votre thérapeute ou coach est la clé de votre réussite. Recherchez quelqu'un avec qui les deux partenaires se sentent à l'aise, respectés et compris. Une bonne adéquation encourage un dialogue ouvert et honnête.

- **Explorez différents types de thérapie :** Il existe diverses approches thérapeutiques qui peuvent être bénéfiques pour les couples atteints de TDAH, notamment la thérapie cognitivo-comportementale (TCC), la thérapie centrée sur les émotions (EFT) et le conseil de couple. La TCC, en particulier, est connue pour aider les personnes atteintes de TDAH à gérer leur impulsivité, leurs schémas de pensée et leurs comportements négatifs.

Types de thérapie qui fonctionnent bien pour les couples atteints de TDAH

Plusieurs approches thérapeutiques se sont révélées particulièrement efficaces pour aider les couples à gérer les défis liés au TDAH :

- **Thérapie cognitivo-comportementale (TCC) :** La TCC aide les personnes atteintes de TDAH à développer des stratégies d'adaptation pour gérer l'impulsivité, la procrastination et le discours intérieur négatif. En couple, la TCC peut améliorer la communication et aider les deux partenaires à développer des comportements plus sains.

- **Thérapie centrée sur les émotions (EFT) :** L'EFT se concentre sur le renforcement du lien émotionnel entre les partenaires en abordant les problèmes d'attachement et en améliorant la réactivité émotionnelle. C'est particulièrement utile pour les couples confrontés à une déconnexion ou à des conflits fréquents.

- **Conseils de couple :** Les conseils de couple traditionnels peuvent aider les partenaires à améliorer la communication, à résoudre les conflits et à résoudre les problèmes liés au TDAH, tels que la confiance, la distance émotionnelle ou les attentes divergentes.

- **Coaching TDAH :** Les coachs en TDAH travaillent avec des individus ou des couples pour développer des compétences pratiques permettant de gérer les symptômes du TDAH. Les séances de coaching peuvent se concentrer sur la gestion du temps, l'organisation, l'établissement d'objectifs et la responsabilité.

Intégrer les pratiques thérapeutiques dans la vie quotidienne

Les leçons apprises en thérapie et en coaching doivent s'étendre au-delà de la séance et dans votre vie quotidienne. Voici quelques façons d'intégrer ces pratiques dans votre relation :

- **Créez des enregistrements quotidiens :** Établissez des enregistrements réguliers pour discuter de ce que vous ressentez tous les deux, de ce qui fonctionne bien et de ce qui nécessite des ajustements. Ces moments offrent une opportunité de croissance et de connexion continues.

- **Utilisez les outils de thérapie :** Appliquez les stratégies de communication, les mécanismes d'adaptation et les outils que vous avez appris en thérapie à vos interactions quotidiennes. Qu'il s'agisse d'utiliser des déclarations « je » lors d'un désaccord ou de pratiquer la pleine conscience pour gérer le stress, ces outils peuvent améliorer la qualité de votre relation.

- **Continuez sur votre lancée :** Même après la fin de la thérapie, continuez à mettre en pratique ce que vous avez appris. Revoyez régulièrement les techniques et les stratégies qui ont fonctionné pour vous en tant que couple et ajustez-les si nécessaire.

Chapitre 19 : Construire un partenariat prospère malgré le TDAH

Alors que les couples font face aux défis du TDAH, il est important de changer d'état d'esprit, passant simplement de survivre aux hauts et aux bas quotidiens à un véritable épanouissement en tant que couple. Un partenariat prospère embrasse les forces de chaque partenaire, favorise une croissance continue et maintient le bonheur en se concentrant sur les objectifs partagés et le lien émotionnel.

Passer de la survie à la prospérité

Le TDAH peut mettre à rude épreuve un mariage, et de nombreux couples se retrouvent coincés dans un état d'esprit de survie, se concentrant uniquement sur la façon de survivre chaque jour. Cependant, pour prospérer, il faut se concentrer consciemment sur ce que vous pouvez réaliser ensemble, plutôt que sur ce que

vous endurez. Ce changement implique plusieurs
éléments clés :

- **Recadrer le TDAH comme un défi et non comme une limitation :** Au lieu de voir le TDAH comme quelque chose qui limite votre relation, considérez-le comme un défi à relever avec créativité et persévérance. Ce recadrage aide à construire un état d'esprit axé sur la croissance où les obstacles sont des opportunités d'apprentissage et d'amélioration.
- **Mettre l'accent sur les points forts :** Chaque couple, même ceux aux prises avec le TDAH, possède des atouts uniques. Prenez le temps d'identifier et de célébrer ces forces, qu'il s'agisse d'humour, de résilience ou de valeurs partagées. Appuyez-vous sur ces atouts pour créer une dynamique plus positive dans votre mariage.

- **Se concentrer sur ce qui fonctionne :** Réfléchissez aux stratégies, routines ou approches qui fonctionnent dans votre relation et doublez-les. Lorsque les couples se concentrent sur leurs réussites plutôt que sur leurs échecs, cela contribue à créer une dynamique vers un partenariat prospère.

Stratégies pratiques pour maintenir un mariage fort et heureux

S'épanouir dans un mariage atteint de TDAH nécessite des efforts proactifs et intentionnels. Voici quelques stratégies pratiques qui peuvent aider les couples à maintenir un mariage solide et heureux :

- **Maintenir une communication ouverte et honnête :** Cultivez continuellement une communication ouverte où les deux partenaires se sentent entendus et respectés. Vérifiez régulièrement l'impact du TDAH sur la relation et les ajustements qui pourraient être nécessaires.

- **Créez un équilibre entre structure et flexibilité :** Bien que la structure soit importante pour gérer le TDAH, il est tout aussi important de rester flexible. Développez des routines qui assurent la stabilité mais qui peuvent être adaptées lorsque la vie devient imprévisible.

- **Donnez la priorité à l'intimité émotionnelle :** Le TDAH peut compliquer la connexion émotionnelle, mais il est crucial de consacrer du temps à l'intimité émotionnelle. Nourrissez régulièrement votre relation grâce à des conversations profondes, des activités partagées et des expressions d'amour.

- **Investissez dans la croissance personnelle et partagée :**

Encouragez-vous mutuellement à continuer à grandir individuellement et en couple. Que ce soit par le biais d'une thérapie, du développement personnel ou de l'acquisition de nouvelles compétences, investir dans la croissance maintient votre relation dynamique et épanouissante.

Favoriser la croissance, l'apprentissage et un objectif partagé dans la relation

Un mariage prospère est celui où les deux partenaires continuent de grandir ensemble tout en poursuivant un objectif commun. Pour favoriser cette croissance :

- **S'engager dans l'apprentissage tout au long de la vie :** Le TDAH est complexe et les deux partenaires doivent s'engager à se renseigner continuellement sur son impact sur la relation. Lisez des livres, assistez à des ateliers et demandez des conseils en cas de besoin. Plus vous en saurez, mieux vous serez équipé pour relever les défis.

- **Alignez-vous sur les valeurs et les objectifs partagés :** Au fur et à mesure que vous continuez à grandir en tant que couple, revoyez régulièrement vos valeurs communes et vos objectifs à long terme. S'aligner sur ce qui compte le plus maintient la relation solide et garantit que vous avancez tous les deux dans la même direction.

- **Célébrez les progrès et reconnaissez les défis :** Prenez le temps de célébrer les progrès que vous avez réalisés en couple. Reconnaissez le chemin parcouru, même s'il reste encore des défis à relever. Les célébrations régulières du succès maintiennent la relation positive et tournée vers l'avenir.

Chapitre 20 : Avancer ensemble : une feuille de route pour l'avenir

Alors que vous terminez votre parcours dans ce livre, il est temps de regarder vers l'avenir et de créer ensemble une feuille de route pour votre avenir. Construire un mariage réussi avec le TDAH nécessite de se fixer des objectifs à long terme, d'adopter l'apprentissage tout au long de la vie et de rester adaptable face aux défis inévitables.

Fixer des objectifs à long terme en couple

Pour avancer ensemble, les couples doivent se fixer des objectifs à long terme qui reflètent leur vision commune de l'avenir. Ces objectifs fournissent une orientation et une motivation, même dans les périodes difficiles :

- **Établir les jalons de la relation :** Fixez des jalons spécifiques que vous aimeriez atteindre en couple.

Cela peut inclure des objectifs financiers, des objectifs de croissance personnelle ou la création de routines plus significatives. Ces jalons vous aident tous les deux à rester concentrés sur une trajectoire positive.

- **Revoyez et ajustez régulièrement les objectifs :** Tout comme la vie change, vos objectifs devraient également changer. Assurez-vous de revoir régulièrement vos objectifs et de les ajuster si nécessaire pour refléter la nature évolutive de votre relation et votre croissance personnelle.

- **Soutenez les rêves individuels de chacun :** Même si les objectifs partagés sont importants, chaque partenaire doit également disposer d'un espace pour poursuivre ses propres aspirations personnelles. Soutenez les rêves de chacun tout en gardant votre mariage au centre de votre vie commune.

Adopter l'apprentissage tout au long de la vie sur le TDAH et les relations

Le TDAH n'est pas quelque chose qui peut être « réparé » ou éliminé, mais c'est quelque chose qui peut être continuellement géré par l'éducation et la conscience de soi. Adopter l'apprentissage tout au long de la vie garantit que les deux partenaires restent informés et habilités à gérer la nature en constante évolution du TDAH et du mariage :

- **Restez à jour sur la recherche sur le TDAH :** De nouvelles recherches et stratégies pour gérer le TDAH émergent constamment. Restez informé des dernières découvertes grâce à des livres, des podcasts et des séminaires. Se tenir au courant des informations actuelles vous aidera à appliquer de nouvelles techniques qui pourraient bénéficier à votre relation.

- **Poursuivre la croissance personnelle et l'éducation relationnelle :** Engagez-vous à grandir à la fois en tant qu'individu et en tant que couple. Cela peut impliquer de participer à des ateliers sur les relations, de travailler avec un coach ou de rechercher une thérapie continue pour continuer à améliorer votre communication et votre connexion.

- **Adaptez-vous à mesure que de nouveaux défis surviennent :** Le TDAH présente différents défis à différentes étapes de la vie. Qu'il s'agisse de la parentalité, des transitions de carrière ou du vieillissement, restez adaptable et prêt à ajuster vos stratégies à mesure que ces nouveaux défis émergent.

Rester adaptable et flexible face aux défis

Comme pour tout mariage, la flexibilité est essentielle pour supporter les inévitables défis que la vie présente. Le TDAH ajoute une couche supplémentaire de complexité, mais avec le bon état d'esprit, ces défis peuvent être surmontés avec succès :

- **Adoptez le changement ensemble :** La vie est pleine de transitions, et un mariage prospère est celui où les deux partenaires s'adaptent aux changements en équipe. Qu'il s'agisse de gérer un nouvel emploi, de déménager ou de s'adapter à la vie avec des enfants, abordez ces transitions avec un esprit ouvert et un but commun.
- **Donnez la priorité à la résolution de problèmes et à la collaboration :** Lorsque des défis surviennent, concentrez-vous sur la résolution des problèmes ensemble. Abordez les problèmes en équipe,

où les deux partenaires apportent leurs idées, leurs efforts et leur soutien.

- **Focus sur la résilience :** Un mariage solide repose sur la résilience, la capacité de rebondir après les difficultés et de continuer à avancer. Cultivez la résilience en vous soutenant mutuellement, en restant connectés et en vous concentrant sur les aspects positifs de votre voyage ensemble.

Créer ensemble une vision commune de votre avenir

Enfin, un mariage prospère avec le TDAH implique la création d'une vision commune de votre avenir qui reflète vos valeurs, vos objectifs et vos désirs en tant que couple. Cette vision commune fournit une feuille de route qui vous permet de rester motivés et alignés alors que vous avancez ensemble :

- **Créez un tableau de vision ou un plan futur :** Asseyez-vous ensemble et tracez votre avenir idéal. Discutez de ce que vous voulez être dans cinq, dix ou vingt ans en tant que couple. Qu'il s'agisse de sécurité financière, de voyage ou de fonder une famille, avoir une vision claire contribue à solidifier votre objectif commun.

- **Réfléchissez à votre croissance en tant que couple :** Prenez le temps de réfléchir au chemin parcouru et à l'évolution de votre relation. Reconnaissez la manière dont le TDAH a façonné votre parcours et comment vous êtes tous les deux devenus plus forts grâce à cela.

- **Engagez-vous pour un avenir prospère :** Prenez un engagement conscient à prospérer ensemble. Malgré les défis que le TDAH peut entraîner, votre avenir est prometteur si vous continuez à

investir dans votre relation, restez
adaptable et vous soutenez
mutuellement à chaque étape du
processus.

Conclusion

Dans « Prospérer avec le TDAH dans le mariage : Guide du couple sur les stratégies éprouvées pour construire une relation plus forte et plus heureuse », nous avons analysé des stratégies pratiques et perspicaces pour vous aider à relever les défis uniques que le TDAH apporte à votre mariage.

Comprendre l'impact du TDAH : Reconnaître comment le TDAH affecte les deux partenaires aide à relever des défis spécifiques et à trouver des solutions efficaces. Le TDAH peut influencer la communication, la résolution des conflits et les routines quotidiennes, ce qui rend la sensibilisation et l'empathie cruciales.

Communication efficace : Une communication ouverte, honnête et empathique est la base d'un mariage sain. Des discussions claires sur les besoins, les attentes et les défis favorisent un lien plus profond et réduisent les malentendus.

Gestion des conflits : Il est essentiel d'identifier les déclencheurs courants et de comprendre comment le TDAH aggrave les conflits. Les techniques de désescalade et de compromis, ainsi qu'une boîte à outils de résolution des conflits, aident à gérer les désaccords de manière constructive.

Organisation et gestion du temps : Le TDAH complique souvent l'organisation et la gestion du temps. La création d'environnements structurés, l'utilisation d'outils et d'applications et l'équilibre entre flexibilité et prévisibilité peuvent améliorer l'efficacité domestique et personnelle.

Gestion financière : Aborder les difficultés financières courantes associées au TDAH implique de développer la responsabilité financière, d'utiliser des outils de budgétisation et d'aligner les objectifs financiers pour gérer les dépenses impulsives et assurer la stabilité.

Parentalité : La coparentalité avec le TDAH présente des défis uniques. Construire des partenariats parentaux solides, gérer efficacement les responsabilités ménagères et donner la priorité aux soins personnels sont la clé d'une parentalité réussie.

Sexe et intimité : Le TDAH peut avoir un impact sur les relations sexuelles et l'intimité. Des stratégies pour raviver la passion, résoudre des problèmes spécifiques tels que l'hyper concentration et la sensibilité au rejet, et pratiquer la pleine conscience peuvent améliorer la connexion émotionnelle et physique.

Création de routines : Les routines sont importantes pour la stabilité dans un mariage TDAH. Développer des horaires quotidiens flexibles mais fonctionnels et utiliser des outils pour respecter les routines tout en favorisant la spontanéité aident à maintenir l'équilibre.

Frontières: Fixer et respecter des limites protège le bien-être émotionnel et prévient l'épuisement professionnel. Une communication claire et le respect des limites, tout en équilibrant l'indépendance et la convivialité, sont essentiels à une relation saine.

Se soutenir mutuellement : Évitez de devenir un gardien en responsabilisant votre partenaire TDAH à assumer ses responsabilités. Construisez des systèmes de soutien mutuel, pratiquez l'empathie et célébrez les réussites ensemble pour renforcer votre partenariat.

Bâtir la confiance : Les comportements liés au TDAH peuvent avoir un impact sur la confiance. Reconstruire et maintenir la confiance implique la transparence, la responsabilité et le renforcement du lien émotionnel par des actions et une communication cohérentes.

Langues d'amour : Comprendre et intégrer les langages amoureux de chacun aide à combler les écarts d'affection et de communication. Adapter les expressions d'amour à ce qui résonne avec votre partenaire favorise une connexion plus profonde.

Dysfonctionnement exécutif : La gestion des responsabilités ménagères nécessite de comprendre les dysfonctionnements exécutifs. Des solutions pratiques, des rôles clairs et des systèmes de soutien peuvent aider à répartir efficacement les tâches et à réduire la frustration.

Santé mentale : Le TDAH coexiste souvent avec des problèmes de santé mentale. Les stratégies d'adaptation, l'aide d'un professionnel et les routines de soins personnels sont essentielles à la gestion de l'anxiété, de la dépression et du stress dans la relation.

Partenariat prospère : Passez de la survie à la prospérité en mettant l'accent sur les points forts, en vous concentrant sur ce qui fonctionne et en célébrant les progrès. Favoriser la croissance, l'apprentissage et un objectif commun pour construire une relation florissante.

Planification future : Fixez-vous des objectifs à long terme, adoptez l'apprentissage tout au long de la vie et restez adaptable. Créez une vision commune de votre avenir, permettant à votre relation d'évoluer et de réussir malgré les défis persistants.

Conseils pour aller de l'avant

S'engager dans l'apprentissage continu : Les deux partenaires doivent rester informés du TDAH et de la dynamique relationnelle. La formation continue vous donne de nouveaux outils et connaissances pour gérer efficacement les défis.

Pratiquez la patience et la compassion : Le TDAH peut présenter des difficultés persistantes, mais la patience et la compassion sont essentielles. Abordez-vous les uns les autres avec empathie et compréhension, en reconnaissant que la croissance prend du temps.

Célébrez votre voyage : Célébrez régulièrement les étapes et les réussites que vous réalisez en couple. Reconnaître vos progrès favorise la positivité et renforce votre engagement les uns envers les autres.

Recherchez une assistance professionnelle : N'hésitez pas à demander l'aide d'un professionnel en cas de besoin. Les thérapeutes, les conseillers et les groupes de soutien peuvent vous fournir des conseils précieux et des stratégies adaptées à vos besoins spécifiques.

Favoriser la résilience : Embrassez la résilience que vous avez développée en tant que couple. Utilisez-le pour relever les défis futurs en toute confiance, sachant que votre engagement et vos efforts communs peuvent conduire à un mariage prospère et épanouissant.

9 798338 046852